絵でみる

# 貿易のしくみ

改訂2版

片山立志

日本能率協会マネジメントセンター

# はじめに

本書は2007年1月に誕生し、その後2011年にインコタームズ2010年版が制定されたため改訂されました。そして、今回、インコタームズ2020年版が制定され、これを機に新しい情報を入れ再改訂いたしました。

この「絵で見る貿易のしくみ」については、これまで「貿易のしくみの全体像がわかった」、あるいは「難しいと思っていた用語の意味がわかった」「貿易が身近に感じ、貿易の仕事につきたくなった」など、読者の方々から本書についてのうれしいお便りがありました。

この本の目的は、細かな貿易実務の手続を知っていただこうというものではありません。貿易を勉強するにあたって、港や空港で貨物や書類がどのようにやり取りされているか、そこでどのような会話が交わされているのかなどを、全体的にイメージしていただこうというものです。そのために、できるだけやさしい文章で、またイメージしやすいようイラストをふんだんに使い、それぞれの項目を説明しました。

本書で貿易の概観を頭に入れれば、より貿易が身近に感じ、さらには貿易実務検定、通関士などの資格・検定のための学習にもお役立ていただけます。

本書を読んで、貿易の世界を楽しみながら知っていただきたいと思います。

2020年5月

片山　立志

# 改訂2版　絵でみる　貿易のしくみ　目次



## 第1章　貿易ってどんなもの？

# 第2章 貿易に関わる人びと

第3章

## 港、船、空港のしくみ



第4章

## 貿易書類の役割

## 第5章

# 取引の準備から契約まで

第6章

# 貿易取引条件とは

## 第7章 貿易取引のリスクと保険



## 第8章 輸出実務の流れ

第9章

# 輸入実務の流れ

第12章

# 個人輸入は楽しい！

# 第1章

# 貿易って<br>どんなもの？

# 貿易とはなにか

## 異なる国どうしの売買取引

貿易とは、**異なる国どうしで物品やサービスの売買取引を行うこと**をいいます。

貿易というしくみは、われわれ生活者にとって非常に便利なものです。貿易があるから、必要なときに必要なものをすぐに日本国内で手に入れることができるのです。今、われわれの身の回りにある多くのものは、海外から輸入されたものです。貿易により国際的な流通が行われた結果です。

## 輸入・輸出とは

海外旅行で購入した友達へのお土産などを日本に持って帰るとき、どのような扱いになるかご存知ですか？　これは立派な輸入行為になるのです。

関税法という貿易に関する基本法には、「輸入とは、外国貨物を本邦に引き取る行為」と規定されています。輸出はちょうどこの反対になります。

**外国貨物**とは「外国から日本に着いた貨物」のことです。この外国貨物を、税関の検査を受け、関税や消費税などを納付する必要があるときは納付し、輸入許可を受けて引き取ることが輸入なのです。

## 輸入許可が必要

外国貨物を輸入する場合、つまり、日本に引き取る場合には、輸入許可を受けなければなりません。輸入許可を受けるためには、日本に引

## 貿易とはなにか

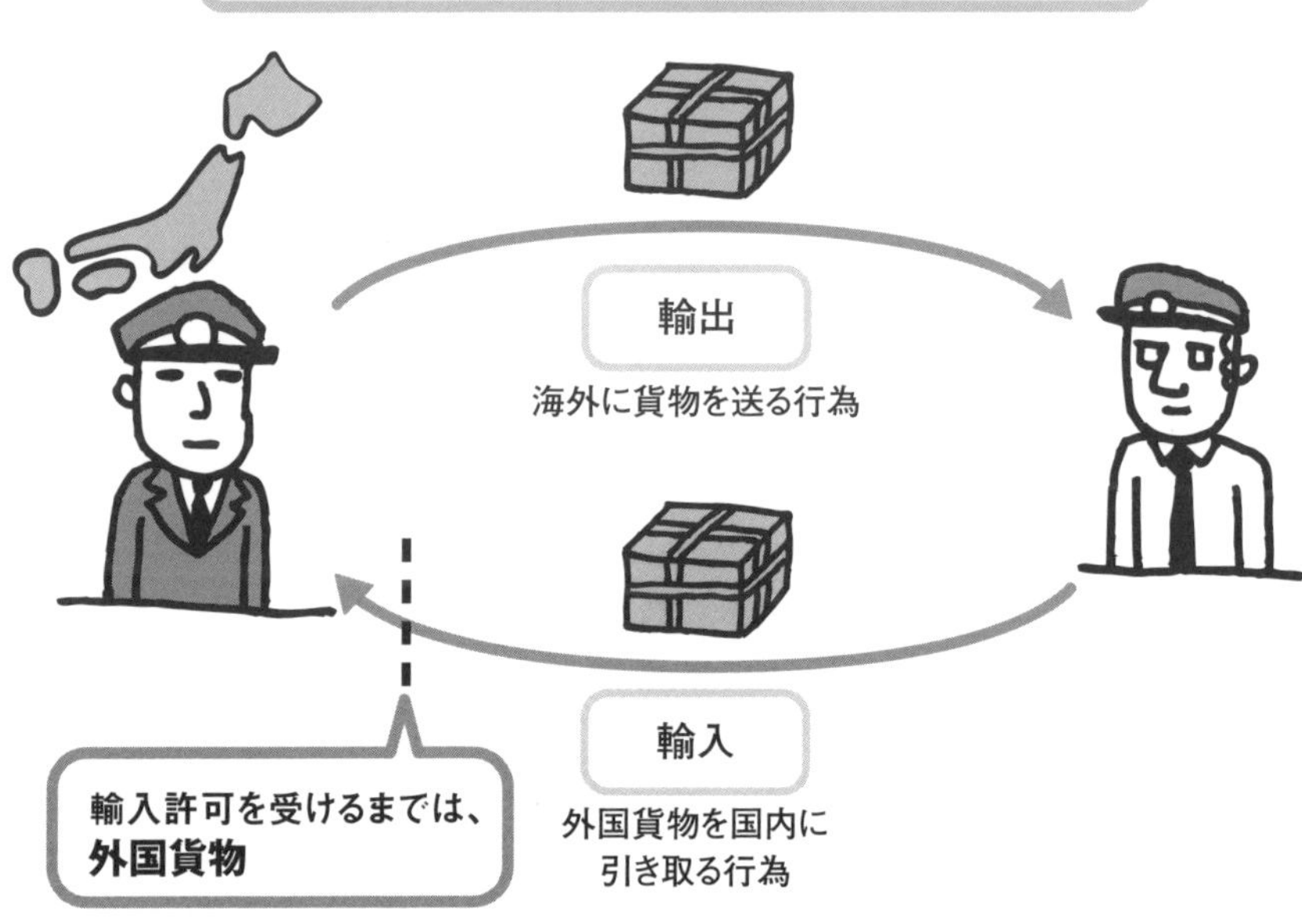


き取られても問題がない貨物であることを確認し、関税などを払う必要がある貨物については、関税納付済みであることの確認を受ける必要があります。

### 日本から見れば、「持ち帰り品」も外国貨物

先ほど、外国貨物とは「外国から日本に着いた貨物」と説明しました。ということは、われわれが海外旅行に持っていき、帰国時に持ち帰る着替えやバックなども、外国貨物にあたるのでしょうか？

実はこれも外国貨物になるのです。

ただし、日本から持っていた着替えは、帰国後、無条件免税の対象になります。ですから輸入税は一切かかりません。

# 流通の4つの機能

## 流通の機能

前項で貿易について、「国際的な流通」という表現をしました。

この流通の機能には、次のようなものがあげられます。

## ①生産場所や製造場所と消費場所の隔たりを埋める

たとえば、米国で生産されたポテトが日本の食卓で食べられるのは国際流通のおかげです。ある地域で集中的に生産され、各地で消費されるというような場合、生産地と消費地の橋渡しをするという機能を流通は持っているのです。

## ②生産などから消費までの時間的な隔たりを埋める

流通は、たとえば冬に集中的に生産されたものを夏に販売するというように、生産時点と消費時点の時間的な隔たりを、蔵置、貯蔵といった方法で埋める機能を持っています。

## ③所有権の移転をスムーズに行う

たとえば、貿易取引契約（売買契約）が成立した場合、物の引渡しが行われますが、一般的にこの引渡しによって具体的に所有権が移転します。流通は、この所有権移転をスムーズにする機能を持っています。

## 流通の機能

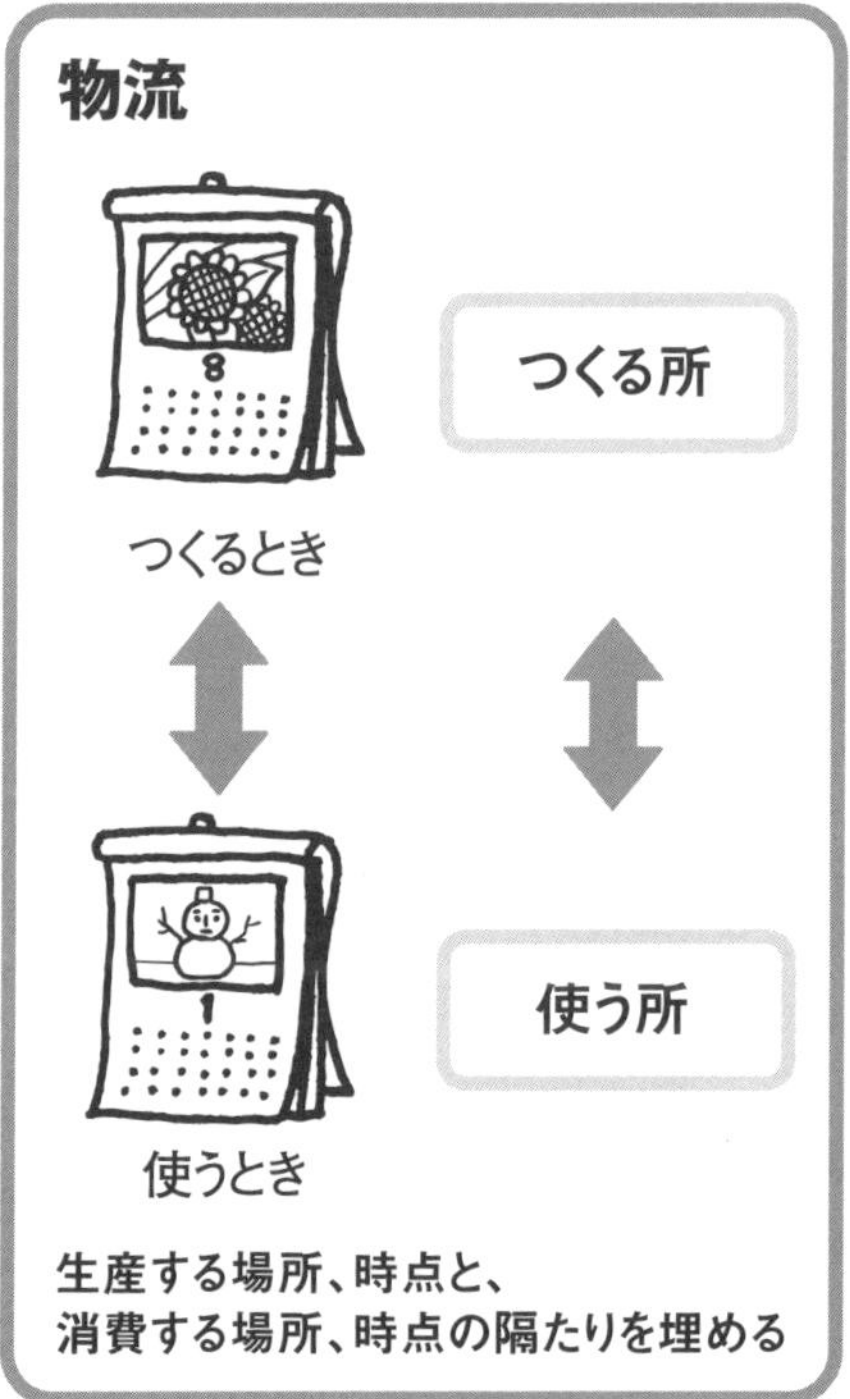


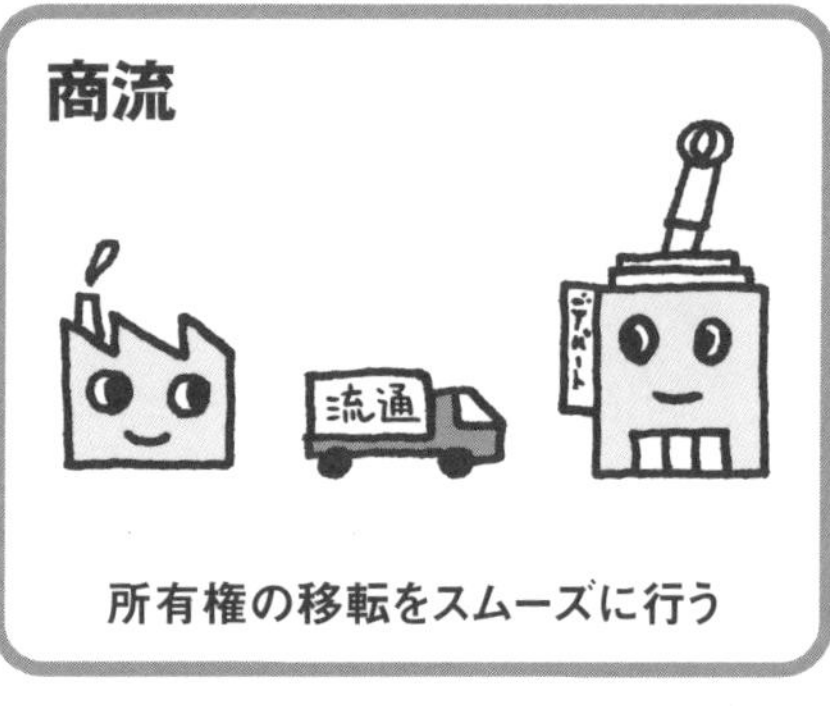

### ④生産者や製造者の情報や消費者の情報、コミュニケーションをよくする

今、インターネットの普及によりグローバル化に拍車がかかっているといわれています。流通は、生産者の生産情報、消費者の消費情報について、広告活動、販売促進活動などにより情報を相互にやり取りし、活発な経済活動を促進する機能を持っています。

なお、**①および②の流れを、物流、③の流れを商流、そして④の流れを情報流と呼んでいます。**

国際的な流通である貿易は、世界中を舞台にこのような機能を発揮し、われわれが必要なものを必要なときに手に入れるための手助けをしているのです。

# 貿易と国内取引との違い

## さまざまなリスクがひそんでいる

貿易には、貿易取引特有のさまざまなリスクがひそんでいます。ここが、国内取引との大きな違いです。

もちろん、国内取引でもリスクはありますが、**貿易取引は、法律、経済状態、生活文化、言語、宗教などすべてが異なる国との取引です。**

ここでいかに安全に取引を行うかが、貿易実務の課題なのです。

## 契約のリスク

それぞれの国の法律、慣習、政策などによって契約・条件の考え方も異なることが考えられます。

このようなリスクを回避するためには、市場調査をしっかり行い、また契約条項について一つひとつ詰めていくことが大切です。

## 商品のリスク

左ページの図のように、マーケティング上のリスク、商品そのもののリスクなどさまざまです。これらの回避のために、目的物の現物確認、見本の取り交わし、法令調査などが必要です。

## 流通のリスク

物を運んだり、積み下ろしたりするための港や空港、道路、クレーン、倉庫などの設備が整備されていなければなりません。これらのインフラが整備されていないと、費用が高くなり全体としてコストが見合わない

## 貿易で発生するリスク

**商品そのもののリスク**
指定どおりの商品が届くとは限らない

**マーケティング上のリスク**
輸出するものが受け入れられるとは限らない

**流通のリスク**
港などのインフラが整備されていないとロスが発生する

ということにもつながります。

### 決済のリスク

買い手である輸入者にとっての先払い、また売り手である輸出者にとっての後払いは、かなりリスクの高い取引方法です。このように、代金を支払うしくみでリスクが高いのが、通常の買い物と異なる点です。

### 為替リスク

ドルと円など、価値が異なる貨幣で取引が行われます。外国為替相場は、毎日変化しますから、昨日と今日で儲けの額が変わってくることもあるわけです。このリスクを回避するために為替予約等、いろいろな手段を講じます。

# 貿易取引ではどんな人が活躍しているの？

## モノ・カネ・カミで分けてみる

貿易取引は、基本的には国際売買契約ですから、売主（輸出者）と買主（輸入者）が主人公であることには間違いありません。

しかし、このほか、この貿易取引がうまく行われるようにサポートする人びとがいます。

この人びとは**モノ・カネ・カミの流れに分けるとうまく説明できます。**

## モノの流れをサポートする人びと

取引される貨物を運んだり、保管したり、検査したりというような、モノ自体の流れをサポートする人びとです。税関、梱包業者、運送会社、船会社、航空会社、倉庫業者、などがそれにあたります。

## カネの流れをサポートする人びと

取引で行われるお金のやり取りに携わる人びとです。外国為替を扱う銀行、保険会社などがそれにあたります。

## カミの流れをサポートする人びと

カミ、すなわち書類は、モノ・カネに付随するものです。海貨業者などは、特に書類を扱ううえで重要な役割を果たします。

これらのうち代表的な人びとの仕事については、第2章で詳しく見ていきます。

## 貿易で活躍する人びと

モノ・カネ・カミの流れそれぞれで、輸入者、輸出者をサポート

# 貿易取引のいろいろな形態

## 直接貿易と間接貿易

私たちにとって貿易取引というと、直接外国の売主から輸入したり、直接、買主に対し輸出したりする場面を思い浮かべますね。これは、**直接貿易**といって一番ベーシックな形態です。

しかし、商業ベースの輸出入になると、商社を利用して輸出入が行われることも多くなります。輸入の場合、外国の売主から日本の商社が買いつけ（輸入）をします。それを買主が商社から買うというしくみになります。ですから、輸入者は商社です。買主と商社は、国内取引になります。これを**間接貿易**と呼びます。

このような間接貿易は、当然マージンが多く発生しますが、商社を利用することによるさまざまなメリットもあります。

たとえば、商社のネットワークを使い、また、商社マンという貿易のプロを使い取引が出来るのです。その結果、輸入の場合、品質や納期について有利になったり、取引価格も有利になったりすることがあります。

## 三国間貿易

また、いわゆる**三国間貿易**という形態があります。

たとえば、シンガポールからメキシコへの輸出貿易を日本の商社などが仲介するような場合です。この場合、シンガポールからメキシコまでは、貨物が運送されるだけで、契約や決済については、すべて仲介業者を通して行われるので、仲介貿易ともいいます。

## 貿易取引のいろいろな形態

### 直接貿易

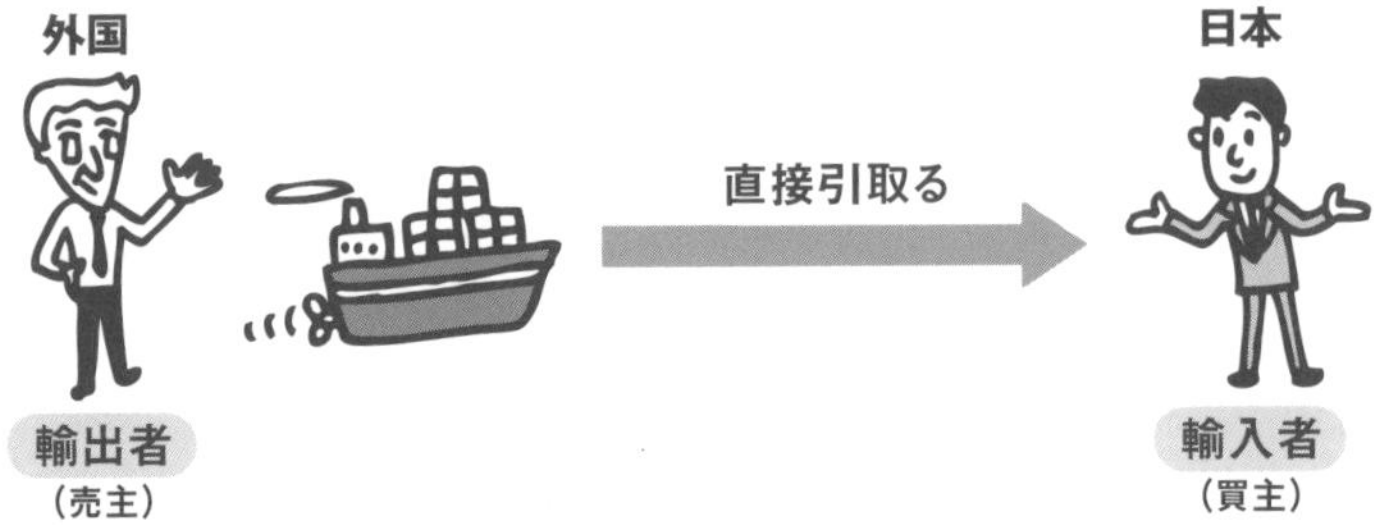

外国

日本

直接引取る

輸出者
（売主）

輸入者
（買主）

### 間接貿易

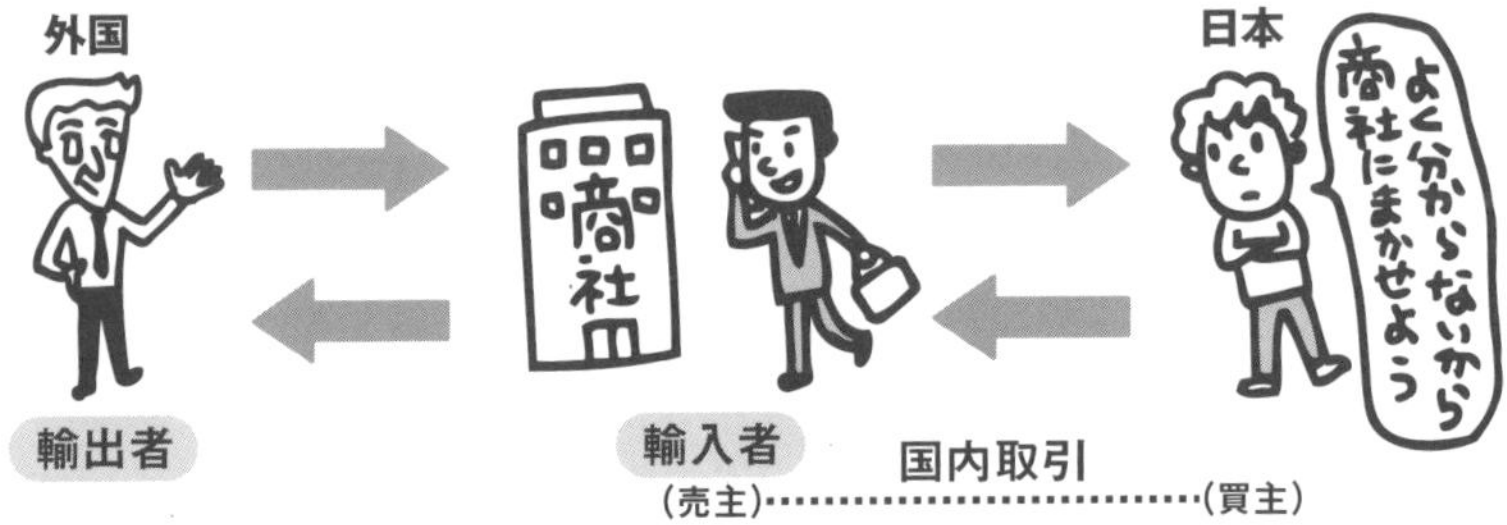

外国

日本

よく分からないから商社にまかせよう

商社

輸出者

輸入者
（売主）

国内取引

（買主）

### 三国間貿易（仲介貿易）

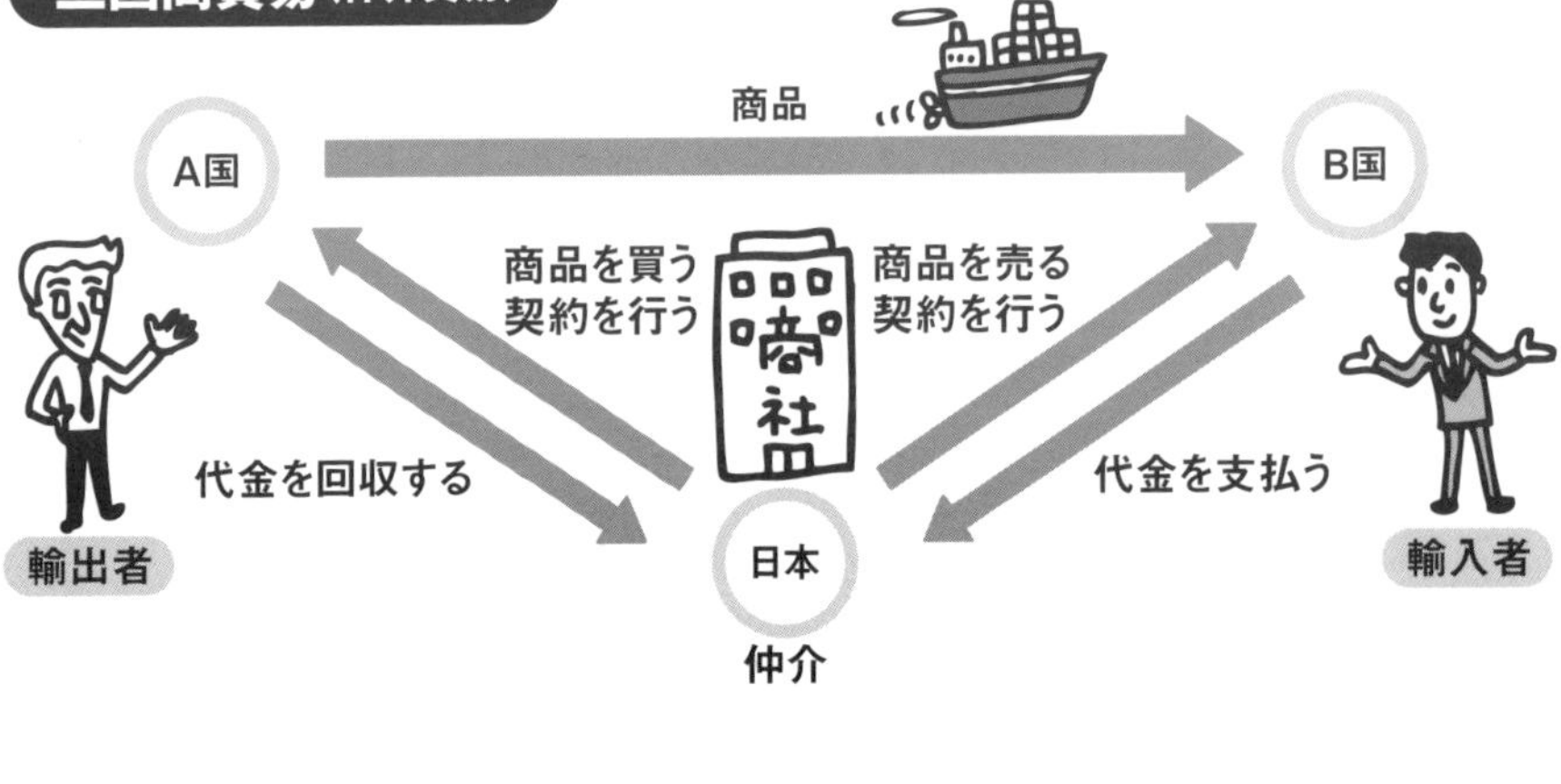

商品

A国

B国

商品を買う
契約を行う

商社

商品を売る
契約を行う

代金を回収する

代金を支払う

輸出者

日本

輸入者

仲介

# 取引の内容にもいろいろある

## 並行輸入

　前項で見た貿易取引の種類は、輸入者と輸出者の関係についてでした。ここでは取引内容の種類について見ていきたいと思います。

　**並行輸入**とは、総代理店を通さずに、独自に輸入する形態のことをいいます。海外のブランド品は、一昔前は、いわゆる総代理店が独占して商品の輸入を行っていましたが、今では総代理店以外の輸入も真正品であれば合法化されています。これにより消費者は、これまでよりも安価にブランド品を手にすることが出来るようになりました。

## OEM輸入

　国内のメーカーなどが海外のメーカーに対し自社のブランドをつけた製品を製造させ、完成した製品全部を輸入するというのが、**OEM輸入**です。

　現在、日本の企業は、アジアのメーカーから多くのOEM輸入を行っています。

## 委託加工貿易

　**委託加工貿易**には、**順委託加工貿易**と**逆委託加工貿易**の2つの形態に分けられます。

　たとえば、日本の製造業者が海外に原材料や部品などを送り、海外のメーカーに加工や組み立てを行わせ、できた製品を輸入するというような、日本の業者が委託者となり海外の業者が受託者となる場合を逆委託加工貿易といいます。先に説明し

## 並行輸入

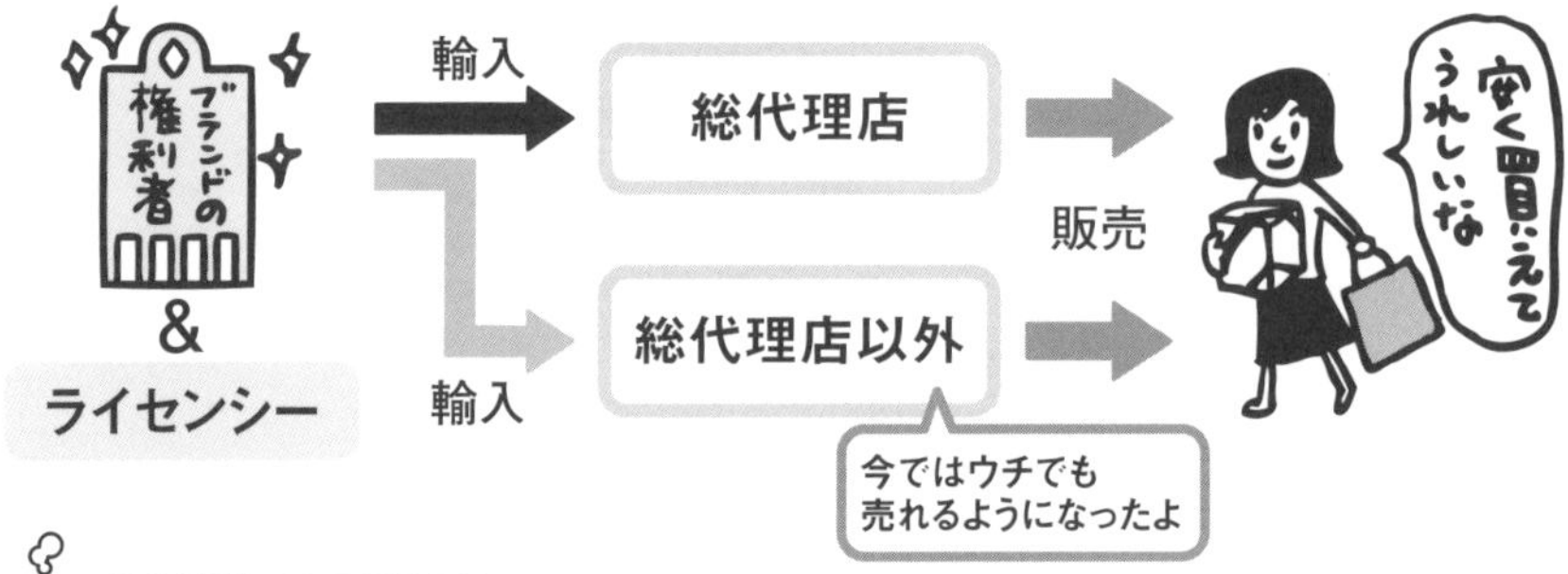

ブランドの権利者
&
ライセンシー
輸入
総代理店
輸入
総代理店以外
今ではウチでも
売れるようになったよ
販売
安く買えてうれしいな

## 委託加工貿易

これでつくってねー
日本
加工
外国
できたよー
日本にとっては……逆委託加工貿易
外国にとっては……順委託加工貿易

たOEM輸入もこれと同じ形態です。

一方、海外からの委託を受けて原材料や部品を受け取り日本で加工する場合を順委託加工貿易と呼んでいます。

### 開発輸入

たとえば衣料品の場合、海外から直接輸入しても日本人の体格や嗜好に合わないということがあります。

そこで日本人の体格や嗜好、生活様式に合った仕様書に基づいて海外で生産、加工を行い、できた製品を輸入することを**開発輸入**と呼んでいます。衣料品に限らず、肉類、野菜などの食料品も開発輸入が盛んです。

# 日本の貿易の特徴は？

## 生産の国際分業がさかん

これまでの日本の産業構造は、原材料を輸入して日本の工場で加工・製造し、できた製品を輸出したり、日本の中で販売するというものでした。つまり、順委託加工貿易が得意であったわけです。このような構造で、国内での雇用率は安定し、また、外貨を稼いできました。

しかし、近年、国内産業の生産拠点が海外に移行する傾向が強まりました。安い労働力や安い賃貸料などを背景に、アジアを中心とする諸外国に工場などを移転していくのです。この動きは、**生産の国際分業**といわれています。その結果、原材料の輸入よりも製品輸入の割合が増え、全輸入の60％以上を占めるようになっています。

より低コストを実現し利益を追求するのが企業である限り、それはしょうがないのですが、国全体から見ると産業の空洞化という問題が発生します。

つまり、生産・製造部門が日本から減少していくのです。減少していけば、失業者も増えるでしょうし、国力が衰えていきます。

## 日本以外の国への販売活動も行われている

もっとも最近は、海外に生産拠点を移した企業は、安いコストで生産した製品を日本に輸入するというだけではなく、生産拠点の国あるいは、近隣諸国への売り込み活動も行うようになりました。たとえば、中国に生産拠点を置き中国の国内向けに販売活動をしている例も多くなりました。

日本の貿易
かつては……
OH!
MADE IN JAPAN!
外貨獲得
雇用安定
順委託加工貿易が得意で、
世界中に輸出していた
近年……
人件費UP
家賃UP
中国
工場移転
生産・製造部門が減少
=
産業の空洞化
安い人件費
安い家賃
中国プラス1

# 国際収支とはなにか

## その国の対外的な経済力を示す

**国際収支**とは、一国の対外経済取引を計算して、その国の収支と資本の流れを示したものです。

会社や家庭で、収入・支出について計算することと思います。貿易を行うことによって、国単位でも同じように、お金の出入りが発生するのです。

**国際収支は、その国の対外的な経済力を示す指標となります。**黒字であればあるほど儲かっているというわけです。ただし、一国だけが儲かりすぎるというのでは、各国間協調のバランスを欠くことになるので、さまざまな政策で調整を行っています。

国際収支は、貿易収支、サービス収支、第一次所得収支等の**経営収支**、直接投資、証券投資等の**金融収支**、**資本移転等収支等**に分けられます。

## 貿易収支

貿易・サービス収支は、輸出額から輸入額を差し引いた金額で、プラスであれば貿易黒字といえます。このうち、モノの輸出入を計算したものを**貿易収支**といいます。この計算にはFOB価格（113頁参照）が用いられます。

## サービス収支

モノの輸出入のように形にはならなくても、貿易に付随する輸送料や、海外旅行者の消費によっても、国をまたがって売買が発生します。これらの差額をサービス収支といいます。

## 国際収支とは

**その国の収支と資本の流れを示したもの**

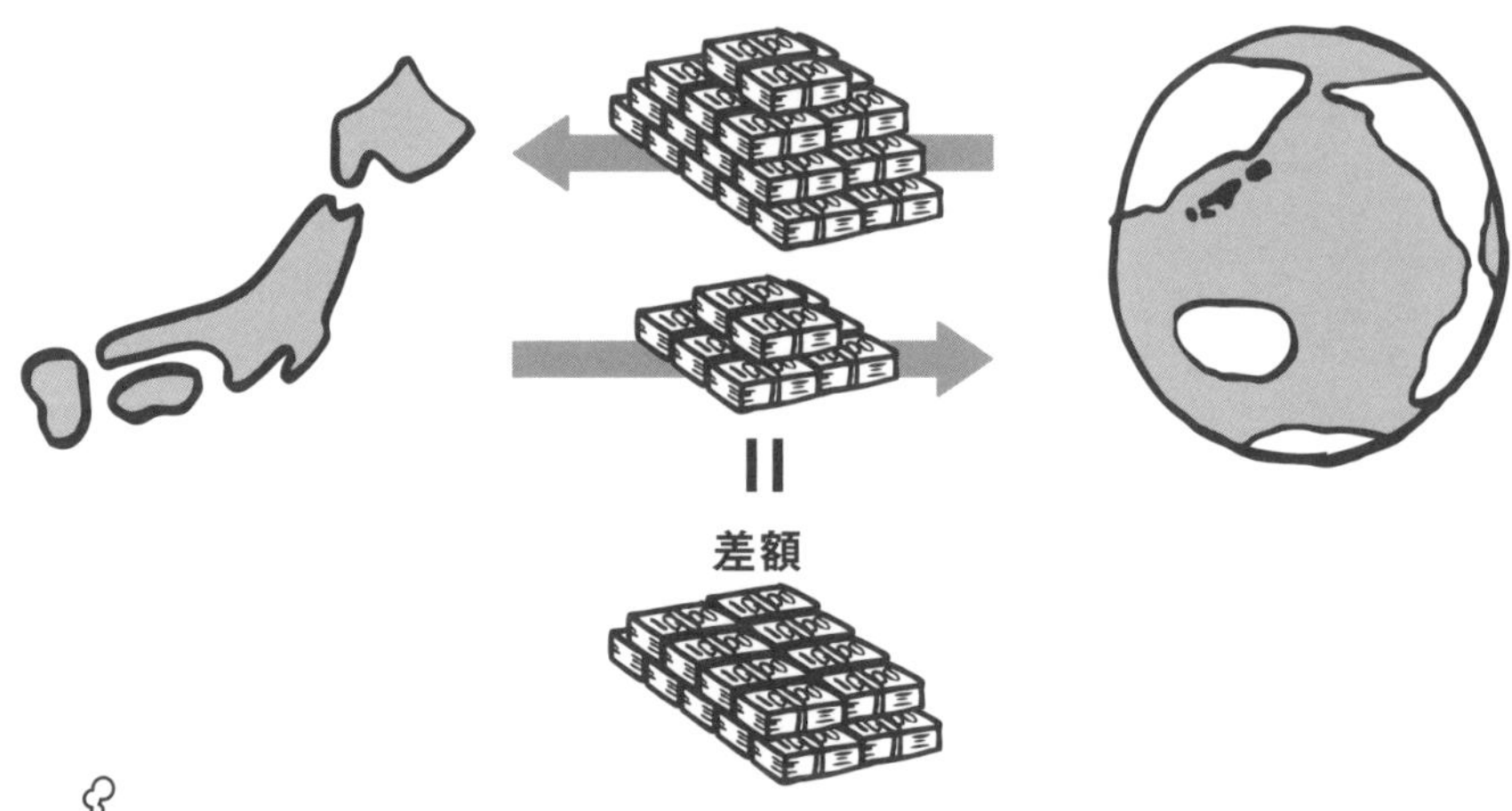


## 日本の経常収支／貿易収支（財務省データ）

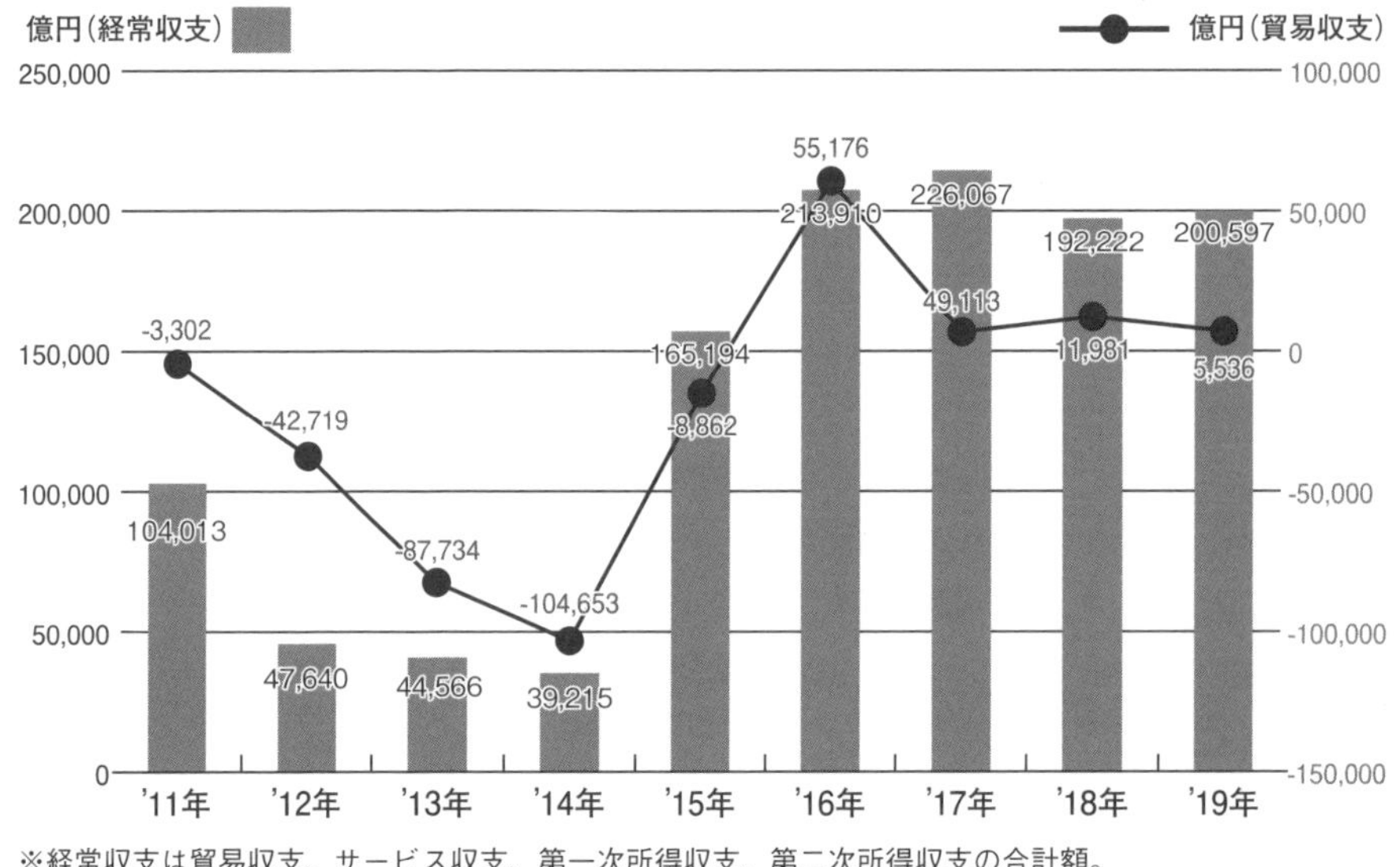


※経常収支は貿易収支、サービス収支、第一次所得収支、第二次所得収支の合計額。

Column

## 商品のリスク

商品のリスクと一口にいってもいろいろなリスクが考えられます。

マーケティング上考慮すべき事柄で見てみます。

たとえば、輸出の場合、その商品が相手国に適合するものか、相手国の消費者運動の対象品目になるおそれがないか、相手国の同業他社あるいは、代替製品を取り扱っている他社からの応酬の危険はないか、相手国において知的財産権の侵害の危険はないかなどがあります。

また、宗教上、販売が禁止されている商品もあります。

# 第2章

# 貿易に関わる人びと

# 商社――ビジネスの仕掛け人

## ビジネスチャンスの仕掛け人

商社とは、簡単にいうと、「モノを売りたい」という人と「モノを買いたい」という人をマッチングし、取引を成立させることによって利益をあげる事業体です。メーカーや小売業などのこういった要望を受け、商社は、自身の持つ圧倒的な情報力と資金力で、お互いのビジネスを成立させ、この仲介料として利益を得ます。

簡単にいうとこうなりますが、とはいえ、取引の内容も多種多様です。商社にはあらゆる商品を扱う**総合商社**と、特定の専門領域を扱う**専門商社**がありますが、総合商社の場合、「ラーメンから原子炉まで」といわれるように、その取り扱いの範囲は多岐にわたります。また単純に品物を輸入したりするだけでなく、ある商品に関するビジネスのしくみをまるごと輸入する、ということもあります。

商社は、このようなあらゆるビジネスチャンスの仕掛け人として存在しているのです。

## 変わりつつある商社

こうした「モノ」を中心とした商社の仕事も、最近は変わりつつあり、事業に投資してそのキャピタルゲインを得るという事業も重要になってきているようです。広い意味でいえば、これもビジネスのチャンスメークであり、商社の仕事の真骨頂なのかもしれません。

## 商社の仕事

**ビジネス取引を成立させる**

「モノが欲しい人」「モノを売りたい人」をマッチングし、ビジネスを成立させる

**情報を収集する**

幅広くアンテナをはりめぐらして、「モノが欲しい人」「モノを売りたい人」を探しだす

**事業に投資する**

見込みのありそうなビジネスに資金を投入し、キャピタルゲインを得る

**信用調査を行う**

取引先が、問題のない相手かどうかを調査する

## 日本の商社の種類

**総合商社**　ありとあらゆる商品を取り扱う

**専門商社**　ある業種業界に特化した商品を取り扱う

**●日本の主な総合商社**

- 三菱商事
- 伊藤忠商事
- 豊田通商
- 三井物産
- 丸紅
- 住友商事
- 双日

# 船会社——海上輸送の主役

## 海上輸送の主役

あらゆる種類の船舶と、世界各地の貿易港との間に多くの航路を持つ船会社は、荷主から**船腹予約（スペースブッキング）**を受け貨物を目的地まで運ぶ役割を担っています。

船会社が所有する貨物船には、RORO船（ローロー船）、コンテナ船のほか、資源の輸送に使われるタンカー、鉄鋼原料船などがあります。船会社は、これらの船舶を自前で保有したり、リースで借りたりし、質の高いサービスを提供しています。

## コストを抑え、効率を高める工夫

ただし、いつも自前の船舶ばかりを使用しているわけではありません。たとえば、自社の受注した貨物だけでは一度に1つの航路で就航する船がいっぱいにならないこともあります。そして、同業の船会社も、別の航路で同じような問題を抱えています。このようなとき、お互いに船のスペースを提供しあい、輸送効率をあげることもあります。これを**スペースチャーター**といいます。また、ほかの船主から船を丸ごと借りることもあります。船会社としては、輸送コストを抑え、いかに効率的に貨物を運ぶかがビジネスの命綱なわけですから、このような工夫をしているわけです。

今後は、特に中国を中心としたアジア圏の船舶輸送の拡大が期待されており、その需要に応えるためスピード、安全を確保した取り組みがなされています。

## 船会社の仕事

### 配船する

世界中に持つ航路と船舶を使って、海上輸送の手配をする

## スペースチャーター

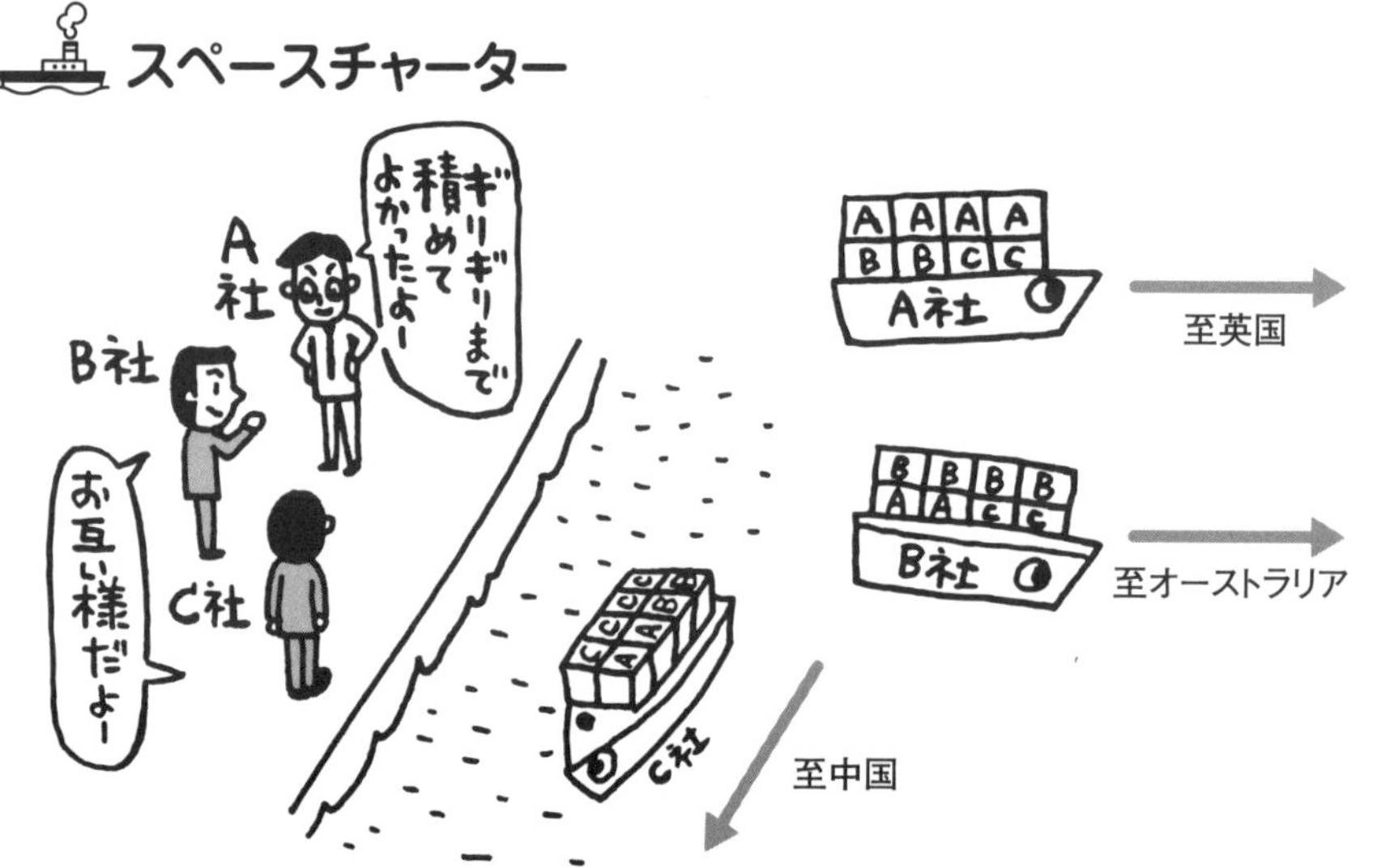

# 海貨業者
## ——各種手続きの専門家

### 各種手続きのプロ中のプロ

海貨業者は、船会社に対する諸手続き、たとえば、船積みのための手続き、荷受けのための手続きなどを代行している専門業者です。俗に「乙仲（おつなか）」とも呼ばれます。

また、海貨業者の多くは、税関長から通関業の許可を受けて対税関手続き（通関手続）も併せて代行しています。通関業の許可を受けていれば、輸出申告、輸入（納税）申告などの対税関手続きをほとんど代理・代行することができます。このように荷受けから船積みまでの手続きを一貫して請け負うことが、海貨業者の強みとなっています。

船会社が「海上輸送のプロ」ならば、海貨業者はまさに「各種手続き」のプロといえるでしょう。

### 倉庫会社や、運送業者を兼業していることが多い

また、海貨業者の多くは、倉庫会社や運送業者を兼業しています。

たとえば在来船を利用した輸出の場合、海貨業者は、荷主から貨物を受け取り、保税地域（保税蔵置場など）に貨物を搬入します。ここで、輸出通関の手続きを行い、許可を受けると、本船まで貨物を運び、本船船側で船会社が指定する船積み業者に貨物を引き渡します。これら一連の作業を複数の業者が分担していると、手間もコストもかかります。

荷主と船会社を一貫して結びつける業務を行うため、通常、港湾運送事業法に基づく港湾運送事業免許のほか、倉庫業、運送業、通関業など物流関連の幅広い免許を併せ持っています。

## 海貨業者の仕事

**船積手続を行う**
輸出者、輸入者からの依頼を受けて、船積み、荷受けなどの手続きを行う

**通関手続を行う**
輸入通関、輸出通関のための書類を作成し、対税関手続きの代理、代行を行う

**貨物を管理する**
保税地域への搬入やそこでの管理など、船に積まれるまでの荷物を管理する

**納税手続を行う**
輸出入で発生する関税等に関する申告書を作成し、納税手続を行う

## 「乙仲（おつなか）」とは?

**旧海運組合法で規定されている、**
**「㊂種海運㊥立業」のこと**

※1947年に法律は廃止されたが、現在でも海貨業者のことを「乙仲」ということがある

# 銀行——決済業務の専門家

## お金のやりとりを円滑にする

直接お金のやりとりができない輸出者と輸入者の間に立ち、決済を行うのが銀行の仕事です。貿易取引での銀行の役割はとても重要です。

銀行の外為部門は、両替のほか、送金、信用状の発行、輸出手形の買取や取立てなどを日常的に行っています。これらのうち、信用状の発行、輸出手形の買取業務、そのほか、融資などは、与信業務という銀行独自の審査を経て行われます。もちろん、不動産などの物的担保や保証などの人的担保も必要とするのが一般的です。

## 為替業務の得意不得意を測るコルレス契約

かつては、外為公認銀行制度という制度があり、公認を受けた銀行でなければ為替業務を行うことができませんでしたが、現在は廃止され、自由に金融機関が取り扱うことができます。とはいえ、それなりのノウハウと信用力が必要であるところから、外為業務が得意な銀行とそうではない銀行があります。

外国為替を行う銀行にとって、海外の銀行と為替などの取り決めをどれだけ有しているかは重要です。この取り決めを**コルレス契約**といい、外国為替業務のほとんどに必要なものです。大手銀行は、コルレス先を多く有していますが、小規模金融機関は、大手銀行ほど多くはありません。そこで、小規模金融機関は、大手銀行と提携して大手銀行のコルレス網を利用しています。

## 銀行の仕事

### 信用状を扱う

輸出者の通知銀行として、また輸入者の発行銀行として信用状を扱い、またその他書類の受渡しを行う

### 為替取引を行う

国内よりも困難な海外との決済業務で、コルレス契約などを駆使しながらスムーズな代金決済を実現する

### 決済窓口となる

手形を買取る、船荷証券を預るなど、決済が完了するまでの窓口業務を行う

## コルレス契約とは

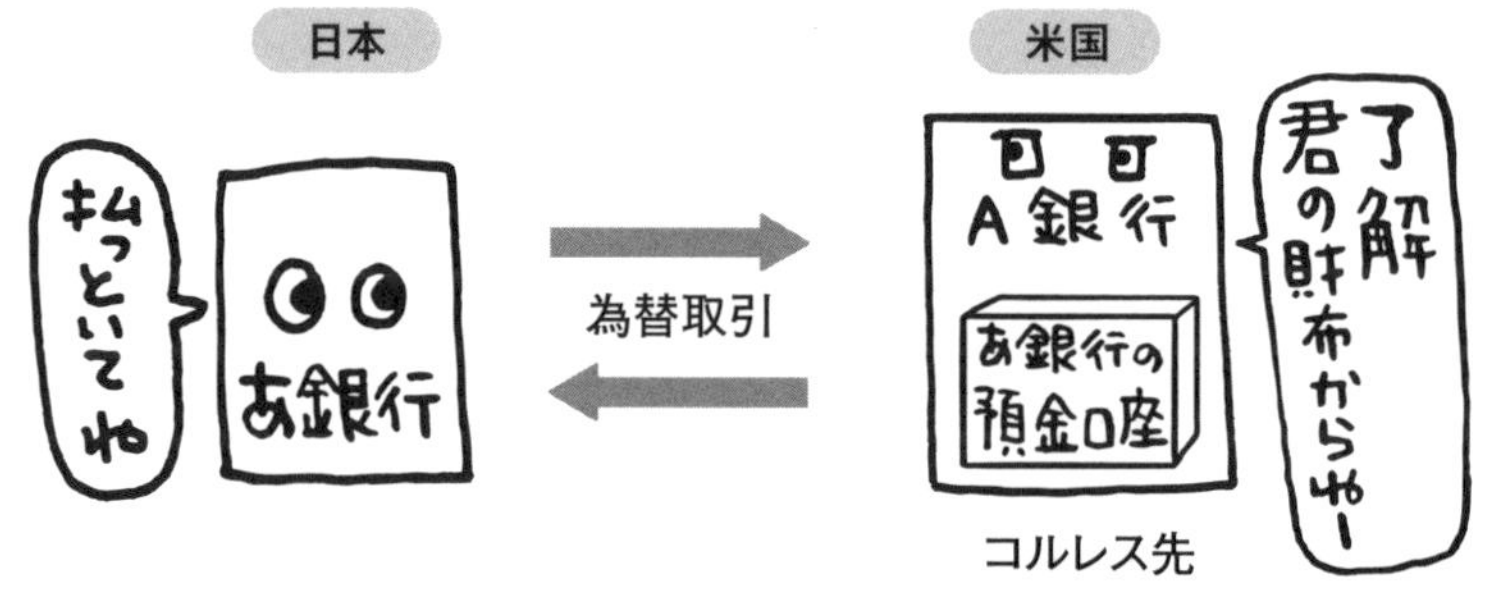


海外の銀行と契約し、為替取引の支払決済をスムーズにする

# 保険会社
## ——貿易のリスクを補償する

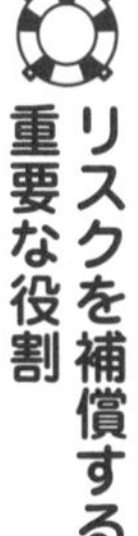

### リスクを補償する重要な役割

第1章で説明したように、貿易にはリスクがつきものです。輸送上のリスクだけではなく、思っていた通りの荷物が届かなかったり、納品したにもかかわらず入金がされなかったり……。顔の見えない人とのやり取りになりますから不安もひとしおです。保険会社はこれらのリスクから、輸入者、輸出者を守る重要な役割を担っています。

### 輸送上のリスクを補償する貨物海上保険

日本の保険会社は、生命保険会社と損害保険会社に分かれていますが、貿易取引と関連する貨物海上保険、貿易保険、PL保険は、損害保険会社が扱っています。

**貨物海上保険**とは、貿易取引にかかる貨物が船舶、航空機などで輸送されている間、不測の事故によって貨物が被った損害を補償するもので、貿易取引では、重要な保険です。

### 信用と、非常時のリスクを補償する貿易保険

貿易保険とは、取引における信用上のリスクや、非常時に輸出入ができなくなるような場合のリスクを補償する保険です。

また、貿易保険は、政府が全額出資している株式会社日本貿易保険（NEXI）が取り扱っているものです。この保険を利用できるのは、NEXIが公表している「海外商社名簿」に登録されている取引先の場合のみです。

## 保険会社の仕事

**輸送上のリスクを補償する**

輸送中の事故などで貨物に損害を被ったような場合のリスクを補償する保険サービスを行う

**（貨物海上保険）**

**モノの保険**

**製造物責任のリスクを補償する**

輸出した製品、または輸入した製品で消費者がケガをしたような場合に発生するリスクを補償する保険サービスを行う

**（PL保険）**

**信用、非常時のリスクを補償する**

取引相手の不払いなど、取引の信用に関するリスクや、戦争などによる非常時のリスクを補償する保険サービスを行う

**取引の保険**

**貿易保険**　株式会社日本貿易保険（NEXI）が取り扱っている

**日本政府**

**出資**

# 税関——港の門番

## 適正で健全な輸出入を保つ

適正で健全な輸出入を保つために、財務省の一機関として機能しているのが**税関**です。いわば、貿易取引に関する門番のようなものです。税関の主な仕事は、以下のとおりです。

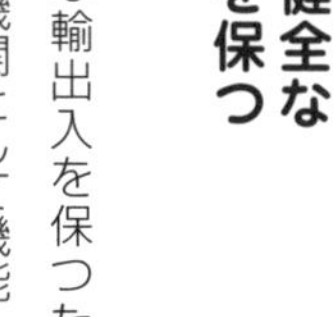

## 貨物の通関

輸入、輸出をしている人は、その旨を税関に申告すると、税関はこれを審査し、許可を与えます。この手続きを**通関手続**といいます。

## 関税などの徴収

輸入によって発生する関税や消費税を徴収したり、また免税を行ったりします。

## 密輸の取締り

法律で輸入、輸出が禁じられている物品の取締りを行います。違反事項については必要に応じて、検察に告発するなども行っています。

## 保税地域の管理

外国から輸入されたものや輸出しようとするものは、税関の通関手続が終わるまで一定の場所に蔵置しなければなりません。そのために設けられた特別な場所のことを**保税地域**といいます。税関は保税地域の取締りを担当しています。

## 税関の仕事

**密輸の取締り**

法律で輸出入が禁じられている物品の取締りを行う

**貨物の通関**

輸入、輸出される貨物を審査し、許可を与える

**保税地域の取締り**

通関手続が終わるまで外国貨物を置く保税地域の取締りを行う

**関税などの徴収**

関税や消費税などの徴収を行ったり、減免税を行ったりする

## 税関の管轄区域

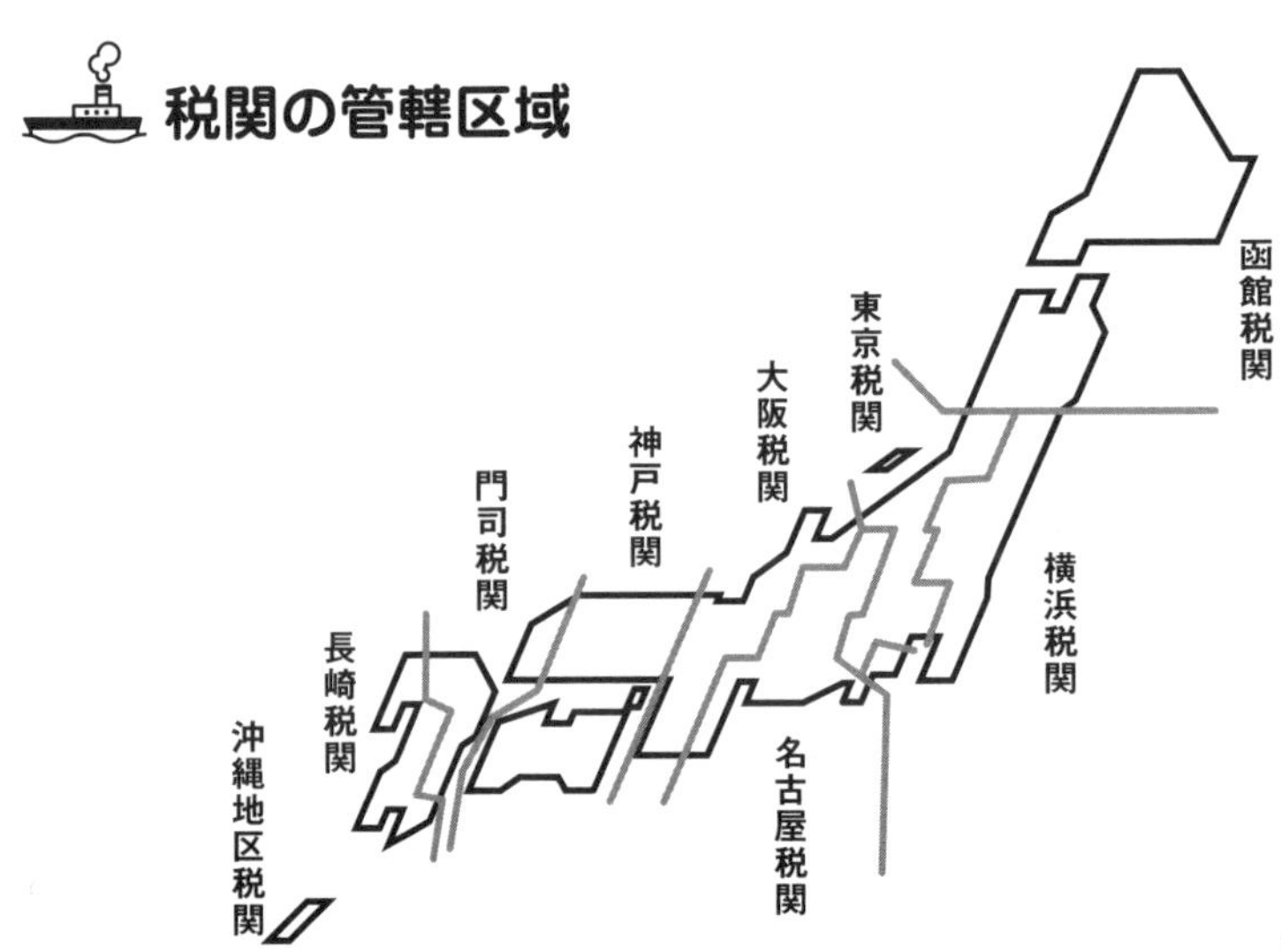


税関ホームページより作成

Column

## 密輸品と知っていて輸入許可することがある?!

薬物や銃の密輸を取り締まることは税関の大事な役割ですが、取締りの方法のひとつに、コントロールド・デリバリー（ＣＤ）というものがあります。

これは、通関手続きで薬物などの密輸が判明した場合、検察や警察の要請を受け、密輸品が散逸したり持ちこんだ者が逃走しない監視体制が整っている場合に、そのまま通過し入国させる方法です。

密輸業者の取引ルートや背後関係をつかむために有効です。

とはいえ通過させた薬物がそのまま流通してしまうという危険性もなくはありません。そのため、保税地域で安全な品物にすり替えておくという手段（クリーンＣＤ）もあります。

# 第3章

# 港、船、空港のしくみ

# 港の施設を見てみよう

## 用途に合わせた施設としくみ

日本の港は、およそ1000港あります。もっとも、港といってもそれぞれいろいろな役割を持っています。

石炭や鉄鉱石を扱う石炭埠頭、穀物を扱う穀物埠頭、自動車を扱う自動車埠頭、木材を扱う木材埠頭などがあります。さらには、タンカーが原油をおろす**シーバース**があります。

これらの港には、積み卸しのためにそれぞれ特有の施設が作られています。たとえば、コンテナ埠頭には、コンテナ船のコンテナ積み卸しのために使用するガントリー・クレーンや、コンテナ・ヤード内でコンテナの移動などに使用するトランスファークレーンなど、荷役（にやく）のための機械があります。

タンカーから石油を降ろすシーバースは、陸上ではなく海上に作られた施設で、そこから陸上にあるタンクまでパイプラインで結ばれています。

このほか、木材埠頭には、木材を水面に浮かばせて蔵置するための水面貯木場を用意しています。

自動車埠頭には、数多くの自動車を積み込むことができるように広大な駐車場が用意されています。

ところで、関税法では、外国からの船舶は、**開港**という港でなければ寄港することはできません。

開港とは、税関が設置されている港です。外国貿易のために外国と日本を往来する船舶を、関税法では**外国貿易船**といっていますが、外国貿易船は、この開港でのみ貨物を積んだり降ろしたりできるのです。

## さまざまな港の姿

**コンテナ埠頭**

ガントリー・クレーンなどで、
コンテナを船に積み込む

**木材埠頭**

木材の取引を行う。近くには製材工場などが並ぶ

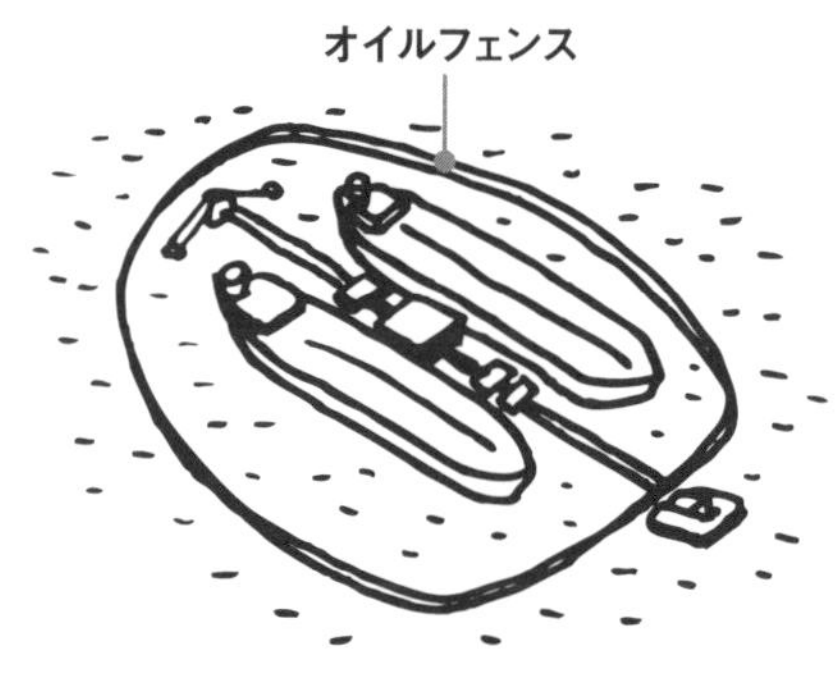


**シーバース**

多くは沖合に作られ、原油をパイプラインで陸に送るしくみになっている

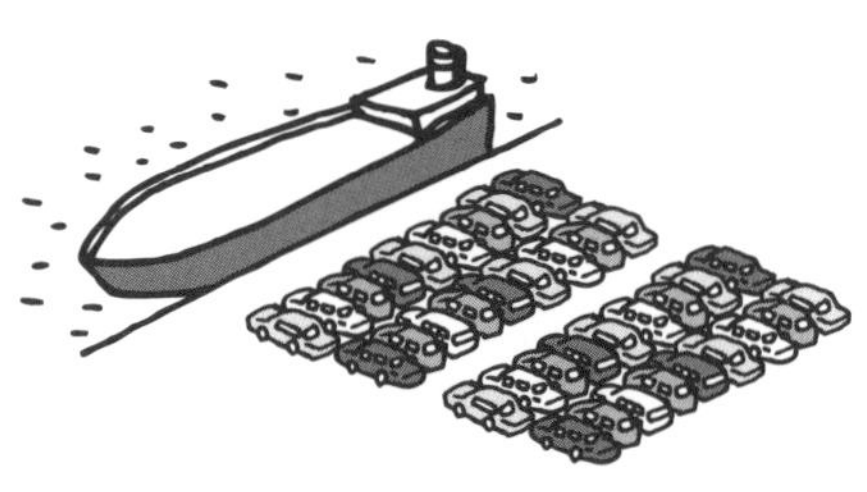

**自動車埠頭**

自動車の積み卸しを行う。広大な港には多数の自動車が整然と並ぶ

# 巨大な基地<br>コンテナ・ターミナル

## コンテナ輸送の基地

**コンテナ・ターミナル**は、コンテナ貨物の積み卸しを行う広大な基地です。コンテナ・ターミナルの機能によって、高速・大量の荷役作業が可能になっています。

日本には、東京港、横浜港、名古屋港、大阪港、神戸港の5大港のほか、全国にコンテナ・ターミナルが設置されています。

## コンテナ・ターミナルの施設

コンテナ・ターミナルには、ターミナル・コントロールセンター、**コンテナ・ヤード**（CY）、コンテナ・フレイト・ステーション（CFS）、エプロン、マーシャリング・ヤード、くん蒸施設などの施設や、荷役に使用するガントリー・クレーン、トランスファークレーンなどがあります。

また、コンテナヤードへの出入口をゲートといいます。

ターミナル・コントロールセンターは、コンテナ・ターミナル全体の司令塔です。ここでは、オペレーターが無線を使い、ガントリー・クレーンやトランスファークレーンに指示を出しコンテナの積み込み、移動などを監督、監視しています。これにより、コンテナ・ターミナル全体が効率的かつ安全に運営されています。

コンテナ・ヤードとは、コンテナの受け渡しをする場所全体のことです。すなわち、ガントリー・クレーンの置かれているエプロン、コンテナの保管場所であるマーシャリング・ヤードなど全体をコンテナ・ヤ

## コンテナ・ターミナルを見てみよう

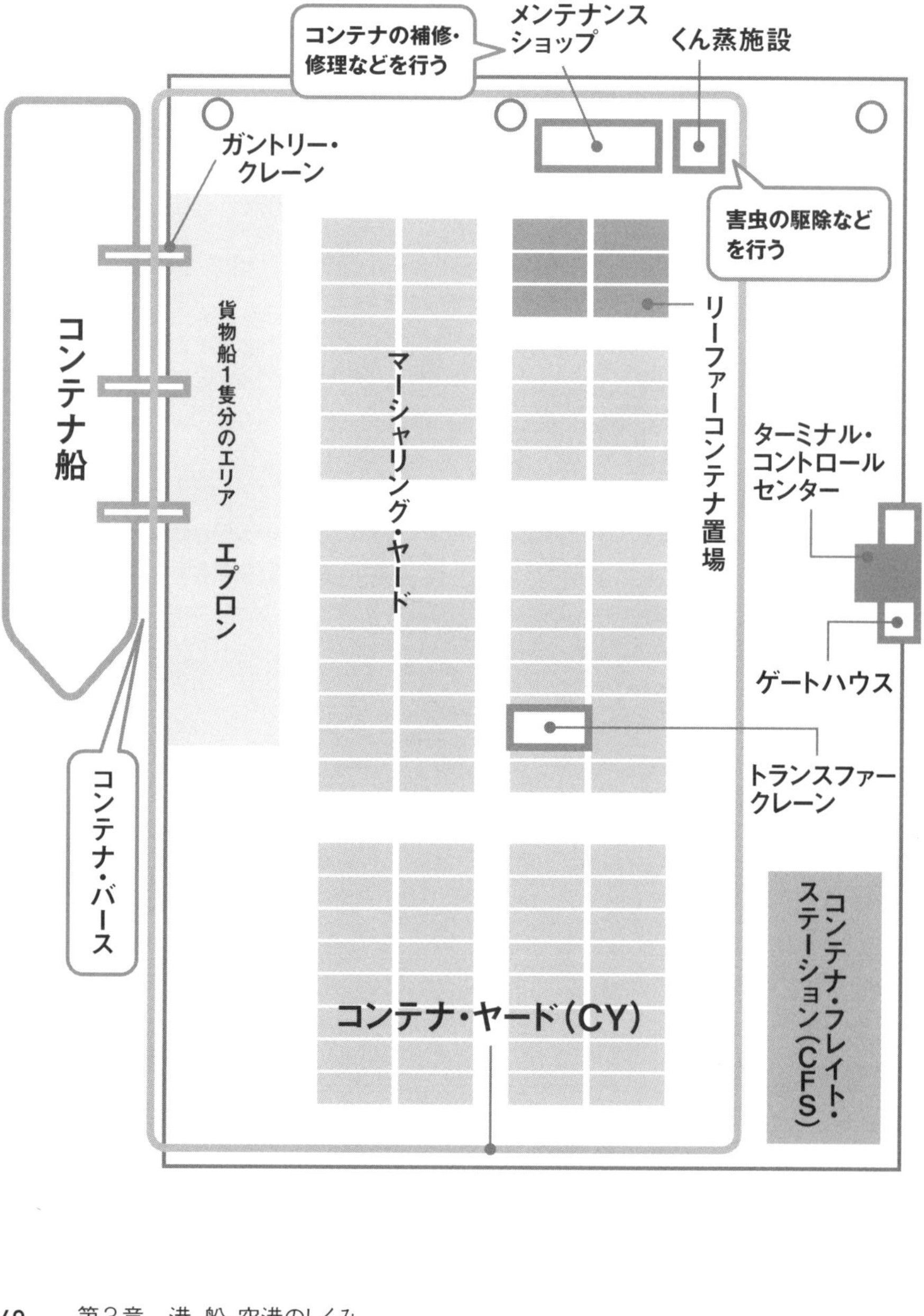

**コンテナ・フレイト・ステーション**

コンテナに荷物を詰めたり、取り出したり、仕分けしたりする

**ガントリー・クレーン**

エプロンに没置され、岸壁から船に貨物を積み込む

**トランスファークレーン**

コンテナを移動したり、多段積みにしたりする際に使用する

ードといいます。

　ガントリー・クレーンは、コンテナを吊り上げコンテナ船への積み卸しをします。

　コンテナ・フレイト・ステーションは、いくつかの荷主の小口貨物をコンテナに混載したり、出したりする場所をいいます。なお、コンテナに積み込むことをバンニング、コンテナから出すことをデバンニングといいます。

　コンテナターミナル内では、このような施設を利用し、コンテナ船からのコンテナの積み卸しをしているのです。また、通関手続きもここで行われます。

　輸出の場合は、税関長の輸出許可を受けた後、輸出コンテナをマーシャリング・ヤードからヤードトラックで運んだり、トランスファークレーンで移動させ、エプロンにコンテナを運び、ガントリー・クレーンで

## コンテナ・ターミナルにある施設

**ゲートハウス**

**コンテナ・ターミナルの出入口。トラックの通過時に点検、検量が行われる**

**ターミナル・コントロールセンター**

**コンテナ・ターミナル内の動きを制御し、効率よい作業ができるようにする**

コンテナ船に積み込みます。

　輸入の場合には、ガントリー・クレーンでコンテナ船からコンテナを降ろし、トランスファークレーンやヤードトラックによりマーシャリング・ヤードに運び込まれます。そして、輸入通関後、コンテナ・ヤードから搬出されます。

　コンテナ・ヤードの出入口であるゲートでは、コンテナの点検や重量の計測が行われます。また、コンテナ関連の書類の引渡しもここで行われます。

　忘れてはならないのが、たとえば、後述するFCA条件、CIP条件、CPT条件の場合、貨物を輸出地のターミナルで引渡したときに**売主から買主に**危険負担が移転するということです。

# 保税地域ってどんなもの？

## 保税制度とは

輸入された貨物は、輸入通関手続きが済むまで、国内に持ちこむことはできません。手続きが済むまで、保税地域に保管されます。

この、輸入完了していない状態で貨物を取り扱うための制度が**保税制度**です。

保税制度というのは、輸入通関手続きを済ませることなく、商品の加工や展示ができるようにしている制度です。港湾施設の近隣に保税地域を設け、その内部であれば、貨物の点検、改装、仕分けなど、税金を払うことなく行うことができます。

こうすることにより、取引の円滑化と促進を図っているのです。

## 保税地域の種類

**保税地域**は、税関の取り締まり下にある施設です。民間の倉庫を持つ企業などが税関長に申請を行い許可を受けることにより設置されます。

関税法で定める保税地域は、保税蔵置場、保税工場、保税展示場、総合保税地域と指定保税地域があります。このうち、指定保税地域は、たとえば埠頭などを財務大臣が指定して保税地域とした場所です。

これらのうち、直輸入された貨物の輸入通関手続きに関連するのは、保税蔵置場と指定保税地域です。保税蔵置場とは、民間などの倉庫で、税関長の許可を得たものです。指定保税地域は、外国貨物の積み卸しや、通関審査の間の一時蔵置に使用する公共施設です。

## 保税地域

### 保税蔵置場

外国貨物を一定期間保管しておける

### 保税工場

輸入許可を受けないで外国からきた原料品を加工・製造できる

### 保税展示場

外国貨物を展示することができる場所として認められている

東京モーターショーは、この制度を利用している

※2011年10月1日より、輸出通関をする場合、保税地域に入れないで輸出申告することができるようになりました。

# 貨物船の種類

## 用途によってさまざま

貨物船には、積載する貨物などにより、いろいろな種類のものがあります。

穀物や石炭などをばらのまま積み込めるばら積み船、鉄鉱石を積む鉄鉱石専用船、原油を運ぶ原油タンカーなどがあります。

## タンカーの種類

この原油タンカーは、タンカーの代表ですが、ほかにも種類があります。液化天然ガス（LNG）を運ぶLNG船、液化石油ガス（LPG）を運ぶLPG船、灯油やジェット燃料などの石油化学品を運ぶプロダクト・タンカー、プラスチックなどの石油化学製品の原料となる化学製品を運ぶケミカル・タンカーなどです。

## 発達するコンテナ船

さらに、コンテナを運ぶ**コンテナ船**があります。このコンテナ船の発達には目覚しいものがあります。もともとコンテナによる輸送の原型は、米国で作られたものです。

現在では、どんどんコンテナ船が大型化されています。これは、船会社もコンソーシアム化（国際的なグループ連合化）が進む中、標準化、効率化を図る必要があるからです。

また、これら以外の一般の貨物を運ぶ貨物船を、**在来船**といいます。

## 貨物船の種類

**ばら積み船**

石炭や小麦などを、袋詰めせずバラで積んでいる

**オイルタンカー（原油タンカー）**

貨物船のなかでは最大。内部のタンクに貯蔵できるようになっている

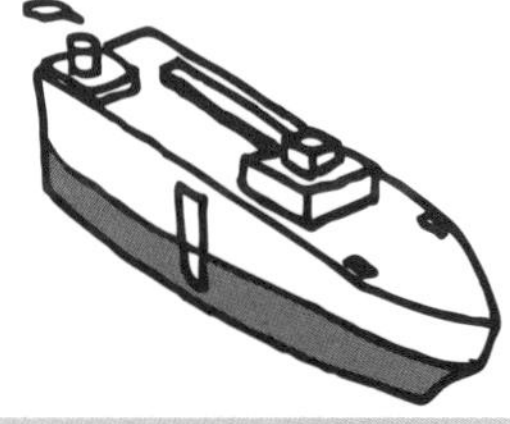

**自動車専用船**

内部は駐車場を何層も重ねたようになっている

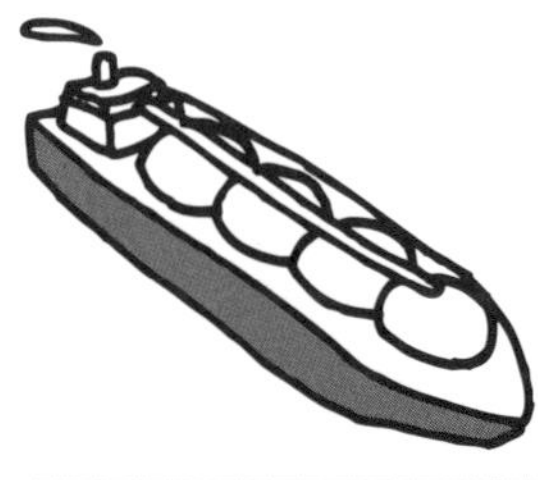

**LNG船**

超低温で液化した天然ガスを運ぶ

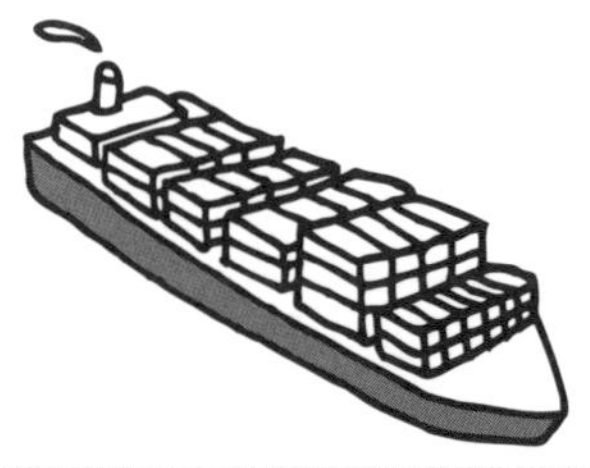

**コンテナ船**

コンテナ輸送で活躍。最近はどんどん大型化されている

# コンテナの種類

## コンテナのサイズ

貿易の世界でますます重宝されているコンテナは、みなさんも見たことがあるでしょう。

**一般的には、コンテナは、幅は約8フィート（約2・4メートル）で、長さ20フィート（高さ8・6フィート）のものと、長さ40フィート（高さ8・6フィート、9・6フィート）の3種類がよく使われています。**これは、国際標準化機構（ISO）の規格に沿って作られたものです。

## コンテナの種類

コンテナにもいろいろな種類のものがあります。

1．ドライコンテナ

最も一般的な箱型のコンテナで、日用品などを輸送するものです。

2．リーファーコンテナ

生鮮物や精密機械、薬品などを運ぶもので、内部に断熱材と冷凍装置を備えています。

3．タンクコンテナ

原油、薬品などの液体貨物を運ぶものです。

4．フラットラックコンテナ

ドライコンテナの側面と屋根を取った形状で、自動車のような、大きくて重い貨物を運びます。

5．バルク・コンテナ

穀物など、ばらで運ぶためのコンテナで、上部から貨物を流し込めるようになっています。

6．オープン・トップ・コンテナ

嵩の大きい荷物、大型動物などを運ぶ、天井のないコンテナです。

## コンテナの種類

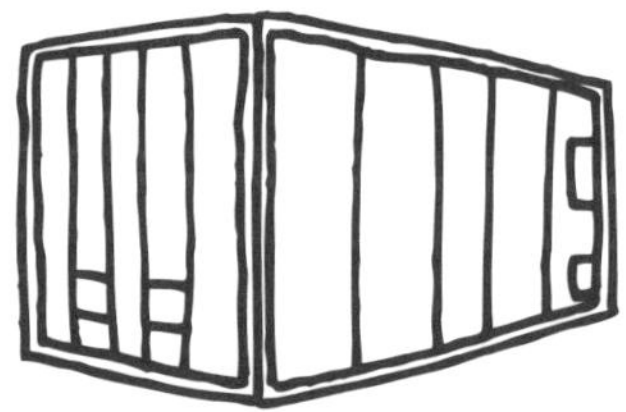

**ドライコンテナ**

最も一般的な箱型のコンテナ

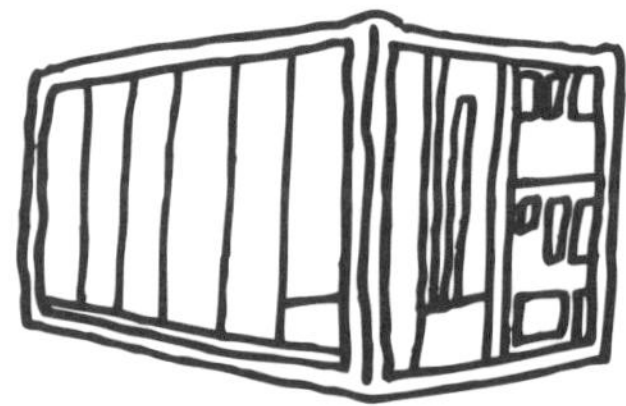

**リーファーコンテナ**

冷凍輸送など、貨物の温度を一定に保つことができる

**タンクコンテナ**

液体貨物を運ぶ

**フラットラックコンテナ**

自動車のような、大きくて重い荷物を運ぶ

**オープン・トップ・コンテナ**

嵩の大きい荷物、大型動物などを運ぶ

# 安全、スピーディーな航空輸送

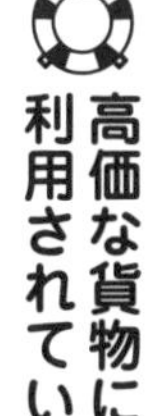
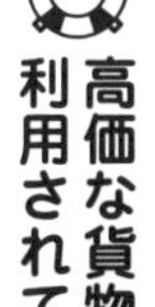

## 高価な貨物に利用されている

航空輸送は、船舶と比べ「早さ」、「安全」が売り物です。コストは、船舶の場合よりも高くなります。

もっとも、航空輸送は、貿易全体では貿易量の約０・３％と輸送量的には多いものではありません。ところが金額では、約30％を占めています。**このことから、高価な貨物に利用されていることがわかります。**

## 安全性が高い

航空機輸送は、なんといっても輸送時間が短く、また安全性が船舶に比べ高いということが特徴です。

ＩＡＴＡ（国際航空運送協会）の１９９７年の資料によると、航空機の事故率は、１億飛行キロメートルに対し旅客の死亡を伴う事故で、０・０８件、10万飛行時間に対し０・０５件とされています。ちょうど、東京・香港間を42万５７５０回飛ぶと１回の事故に会うという確率だといいます。

航空輸送は、貨物を航空機専用のコンテナやパレット（ＵＬＤ）に貨物を積み、ワイドボディー型旅客機の下部貨物室（ロアデッキ／ベリー）や貨物専用機（カーゴ・フレイター）に搭載して行われます。

航空会社の運送サービスは、空港から空港までですが、利用航空運送事業者（フォワーダー）は、Door to Doorのサービスが可能です。さらに、ＦｅｄＥＸやＵＰＳなど自社で航空機を持ち、集荷から国際航空輸送、配達までを行うインテグレーターという業態もあります。

## 航空輸送の特徴

## 航空輸送のしくみ

・**利用航空運送事業者**（フォワーダー）……… **運送業者と荷主の間に立って業務**

・**インテグレーター** ……… **自社で運送を一貫して輸送**

# 税関空港とは

## 貿易ができる空港

関税法では、外国貿易機の発着は、税関が設置されている**税関空港**に限って認めています。

税関空港は、２０２０年現在、全国で31箇所あります。成田国際空港、関西国際空港、中部国際空港などが、関税法上の税関空港です。

## 日本最大の国際貨物取り扱い空港

ところで、航空機が大型化してもそれを受け入れる空港や空港施設などのインフラが整っていなければ国際航空貨物を扱うことは不可能です。

そこで、話を成田国際空港にむけてみましょう。東京税関の資料によると２０１９年の国際貨物取扱量は、約２０４万トン、一日の平均は、約５，５９０トンで、日本最大の国際貨物取扱い空港です。

もちろん、大型機の発着が可能ですし、航空貨物を取り扱う施設も整っています。

現在、成田空港の周辺には、保税蔵置場の許可を受けた倉庫が数多く存在しています。その倉庫面積は、30万㎡を超えるといいます。これらの施設が成田空港の航空貨物を支えているといっても過言ではありません。

## 税関空港

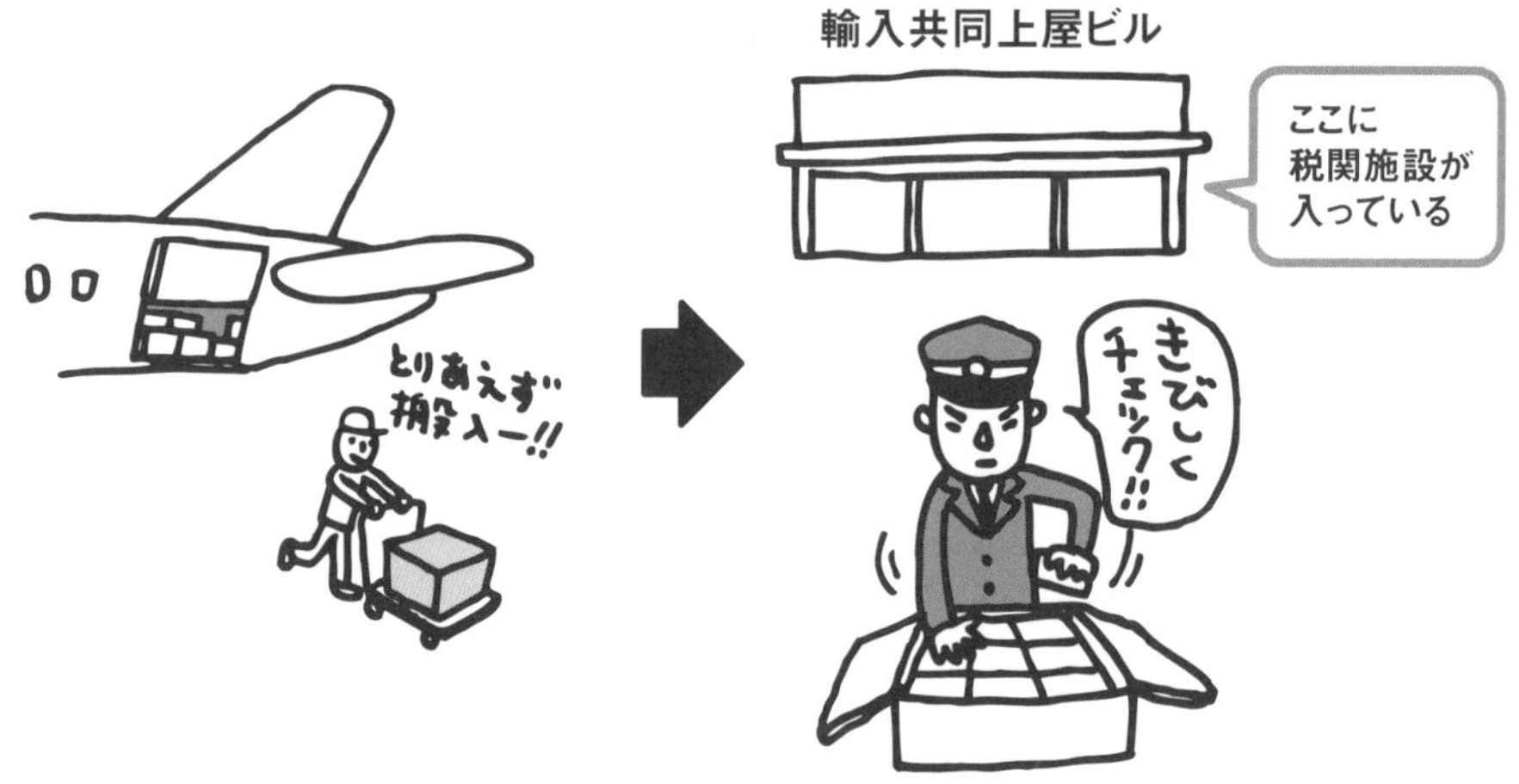


## 全国の税関空港（2020年4月時点）

Column

## 自動車専用船には、積み方にも方式がある！

自動車専用船については、すでにご紹介しましたが、もう少し話しましょう。

実は、この専用船に自動車を積むときは、運転手が一台一台積んでいくのです。この積み付けの方法も重要で、日本郵船では1978年（昭和53年）頃に、左ハンドルは、カウンタークロックワイズ方式、右ハンドルは、クロックワイズ方式という方法を開発しています。カウンタークロックワイズ方式では、時計とは逆方向に、つまり自動車をハンドル側である左に回転（左折）させていき順番に積み付けていき（駐車させていき）ます。右ハンドルの場合は、その逆ですから時計と同方向に回転（右折）させ積み付けるというわけです。

この方法を生み出したことにより、車を効率的に積み付けることができるようになったと共に、積み付け中の自動車への損傷も激減したということです。

# 第4章

# 貿易書類の役割

# 貿易書類にはどんなものがある？

## 「カミ」は主役の一人

第1章で、貿易取引で活躍する人びとを分類するとき「モノ、カネ、カミ」という視点を用いました。これからもわかるように、貿易取引ではたくさんの書類が登場します。貿易の実務を行うにあたっては、この書類が正しく作成されているかどうかのチェックが欠かせません。もっとも最近は、書類の電子化も進んでいます。

## 書類の種類

貿易取引に登場する主な書類は、左頁の一覧のとおりです。本書では、なかでも特に重要な、信用状と船積書類について次項以降で解説していきます。

## 安全な取引のための信用状取引

貿易取引を行うとき、代金先払いにすると、輸入者にリスクが生じます。反対に、代金後払いにすると、輸出者にリスクが生じます。この双方のデメリットを防ぎ、安全な取引を行うためのものが**信用状**（L／C）です。

国際貿易での決済手段では、信用状ベースの取引は減少ぎみで、必ずしも多く用いられていませんが、このしくみは、貿易決済のしくみを知るうえで大変重要です。また、このしくみを作った古人たちの英知に感動することでしょう。

## 貿易書類の種類

- 引合書(Inquiry Sheet)
- オファー・シート(Offer Sheet)
- プロフォーマ・インボイス(Proforma Invoice)
- 注文請書(Sales Note)
- 注文書(Purchase Order)
- 信用状(Letter of Credit:L／C)
- インボイス(Invoice:I／V)
- 梱包明細書(Packing List)
- 保険申込書(Insurance Application)
- 船腹予約書(Booking Note)
- 船積依頼書(Shipping Instructions:S／I)
- 原産地証明書(Certificate of Origin:C／O)
- 輸出(許可・承認)申請書
- 為替予約票(コントラクト・スリップ)
- 船荷証券(Bill of Lading:B／L)
- 航空運送状(Air Waybill:AWB)
- 海上運送状(See Waybill)
- 保険証券(Insurance Policy:I／P)
- コンテナ内積付表(Container Load Plan:CLP)
- 船積指図書(Shipping Order:S／O)
- メイツ・レシート(Mate's Receipt:M／R)
- ドック・レシート(Dock Receipt:D／R)
- 重量容積証明書(Certificate and List of Measurement and／or Weight)
- 補償状(Letter of Indemnity:L／I)
- 船積通知(Shipping Advice)
- 荷為替手形(Documentary Bill of Exchange)
- 荷為替手形買取依頼書(Application for Negotiation)
- D／P手形、D／A手形
- 輸出申告書(Export Declaration:E／D)
- コンテナ扱い申出書
- 指定地外貨物検査許可申請書
- 加工・組立輸出貨物確認申告書
- 銀行取引約定書
- 信用状発行依頼書
- 輸入(承認・割当)申請書
- 貨物到着案内(Arrival Notice)
- 荷渡指図書(Delivery Order:D／O)
- カーゴ・ボート・ノート(Cargo Boat Note)
- デバンニング・レポート(Devanning Report)
- 保証状(Letter of Guarantee:L／G)
- 輸入担保荷物保管証
- 約束手形(Promissory Note)
- リリース・オーダー(Release Order)
- 海上運賃請求書(Freight Bill)
- 外国為替送金依頼書
- 特例輸入者承認申請書
- 輸入申告書(Import Declaration:I／D)
- 貨物指定申請書
- 輸入許可前引取承認申請書(BP承認申請書)
- 関税納期限延長申請書
- 他所蔵置許可申請書
- 事前教示に関する照会書
- 事故通知(Notice of Damage)
- 損害賠償請求書(Claim Note)

# 信用状の役割

## 銀行の保証をもらう

取引において、信用面におけるリスク管理はとても重要です。

しかし、リスク管理だといって必要以上に疑心暗鬼になっていては、優良な取引先からも敬遠されてしまいますし、ビジネスチャンスを逃す結果にもなります。

そこで、売手である輸出者は、自分の売った貨物の代金を確実に支払ってもらうために、輸入者に取引銀行の保証をもらうことを取引条件とします。

取引銀行の代金支払保証があれば、売主である輸出者も安心ですね。この支払保証書が**信用状（L／C）**なのです。

## さらに保証をもらう

信用状を発行する銀行を**発行銀行（開設銀行）**といいます。

しかし、海外には、必ずしも信用度が高いとはいえない金融機関もあります。ある日突然、破綻してしまうということもあるかもしれません。そうなると、発行された信用状は、紙切れになってしまいます。

そこで、銀行の支払保証を確実なものにするため、さらに国際的に信用度の高い銀行にも代金の支払保証をしてもらうということもあります。この銀行を**確認銀行**と呼んでいます。2つの銀行が保証していますから、輸出者にとってリスクは、かなり軽減します。このように確認銀行がさらに保証している信用状を**確認信用状**と呼んでいます。

## 確認信用状のしくみ

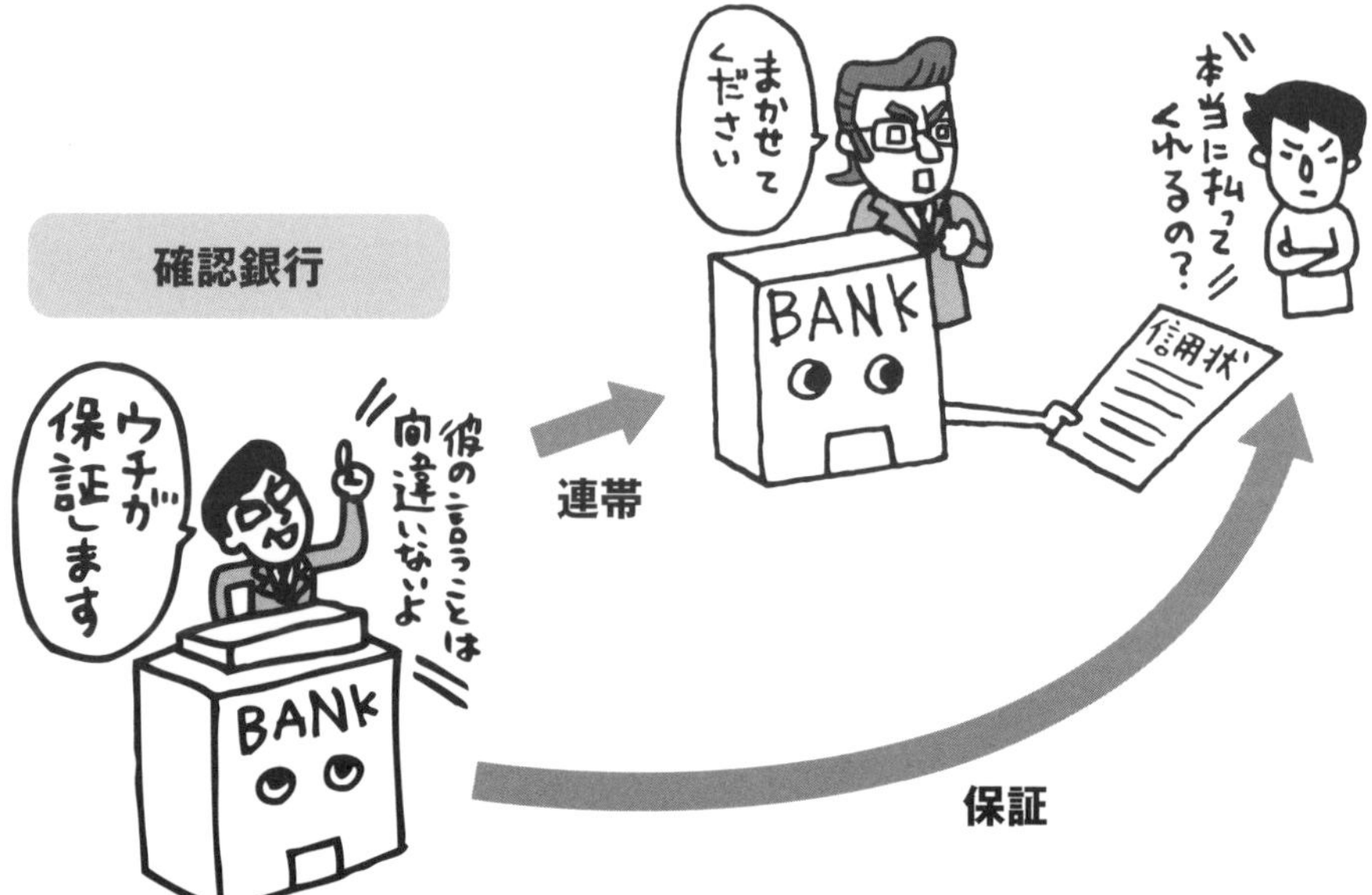


### 信用状が届いてから貨物を輸出

信用状取引の場合、輸出者は、信用状の到着を待って、貨物を輸出します。つまり、支払いの確約が手元に着いてから商品を相手方に送るというわけです。

現在、グループ会社間の取引などは別として、開発途上国や中国などとの取引の場合や取引金額が大きな場合にこの信用状が使われています。

# 信用状決済のしくみ①
## 輸出側

### 信用状の発行手続

信用状の決済のしくみを見ていきます。

決済の主体となるのは、輸入者と輸出者です。ここに銀行が介在します。輸出者側の取引銀行と輸入者側の取引銀行です。これら4者によって基本的なしくみが形成されています。

図をたどりながら見てみましょう。

①まずは、輸出者と輸入者間で「信用状を利用した決済を行う」という条件で国際間の売買契約が行われます。

②この契約に基づいて、輸入者は取引銀行に赴き、信用状の発行を依頼します。

③銀行は、信用状を発行した場合には、輸入者である申込人の支払を保証することになります。また、実際には、輸入者に代わって輸入代金を立替えて支払うわけですから、申込人の信用状況をしっかりと審査します。

④審査の結果、めでたく信用状が発行されました。発行された信用状は、信用状を発行した輸入者側の銀行から輸出者側の銀行（通知銀行）に送られます。

### コルレス契約

信用状は、信用状発行銀行→輸出国の銀行→輸出者というルートで届きます。このルートを可能にしている契約をコルレス契約といいます。

コルレス契約では、お互いの銀行が秘密のキーを共有しています。これにより、輸出国の銀行は、送られてきた信用状が本当に輸入国の信用

## 信用状取引の流れ①

**1** 「信用状を利用した決済を行う」という条件で売買契約が成立

輸入者　　輸出者

**2** **3** 輸入者の依頼を受け、取引銀行が輸入者を審査

必ず払うから信用状を発行してください
コノ人大丈夫？
何かあったらウチが払うことになるんだから審査しないと…

信用状発行銀行

**4** 審査合格・信用状発行

これで船積ができる
確かに！
信用状発行されたよ

（L／C）

信用状発行銀行 → 通知銀行

輸出者

通知銀行（輸出国）

状発行銀行が発行したものかをチェックできるのです。

チェックが完了したら、輸入者に通知します。これを**通知銀行**と呼んでいます。通常は、輸出者の取引銀行が通知銀行となります。

⑤さて、信用状を受け取った輸出者は、貨物を輸入者に送ります。この時、輸出者は、海上保険をかけ保険証券を受け取ったり、船会社から船荷証券（B／L）を受け取ったりします。

⑥輸出者は、貨物の輸出を完了しました。今、輸出者の手元には、信用状、インボイス、海上保険証券、船荷証券があります。

## 為替手形を振り出す

⑦輸出者としてみれば貨物の代金を早く回収したいと考えます。そこで、輸出者は為替手形を振り出します。

　為替手形の受取人は、手形を振り出した本人である輸出者です。そして、手形代金を引き受け支払うのは、信用状を発行した銀行あるいは、輸入者です。

　これにインボイス、海上保険証券、船荷証券などの船積書類および信用状を添付して自分の取引銀行（買取銀行）に買い取るよう依頼します。

　ちなみにインボイス、海上保険証券、船荷証券などの船積書類を添付した為替手形を、**荷為替手形**と呼んでいます。

## 内容のチェック

⑧荷為替手形の買い取り依頼を受けた銀行は、提出された手形、船積書類の内容が信用状に記載されている内容と一致しているかなどをチェックします。万が一、書類の内容と信用状の条件とが一致していない場合には、信用状発行銀行は、支払いをしてくれません。

　買取を依頼された銀行は、信用状発行銀行の支払保証があるから安心して手形を買取ることができるのです。しかし、信用状と条件が一致しない場合、支払保証を受けられなくなります。ですから、不一致（ディスクレ）があった場合には、原則として手形を買い取ってはくれません。

⑨無事、輸出者は、手形を買取ってもらいました。これで、代金が回収されました。つまり、このしくみを使えば輸出者は、貨物を輸出後、船積書類がそろえばただちに輸出代金が回収できるわけです。

## 信用状取引の流れ②

**❺❻** 輸出者は、船積などを行い、輸出の手続を完了する

**❼❽** 輸出者は為替手形を振り出し、買取銀行に船積書類、信用状と一緒に買い取ってもらう

Bill of Exchange

No.________ Place & Date of issue________

For

At________ sight of this FIRST Bill of Exchange (SECOND being unpaid) pay to________ or order the sum of________ Value received and charge the same to account of________

Drawn under________

Irrevocable L/C No.________ Dated________

To________

荷為替手形

厳重にチェック

**❾** **手形買取了承=代金回収!**

# 信用状決済のしくみ②
## 輸入側

### 手形代金の回収

⑩一方、買取銀行は、海外の信用状発行銀行に買取った荷為替手形と信用状を送付します。手形が一覧払いの場合、信用状発行銀行は、買取銀行に手形金額を払い込みます。これで、買取銀行は、買取った手形代金を回収したことになります。ちなみに一覧払いというのは、手形を呈示されたら手形代金を支払うという条件のことです。

⑪信用状発行銀行は、輸入者から手形代金を支払ってもらわなければなりません。今、信用状発行銀行は、船積書類を持っています。輸入者が手形代金を支払えば、この船積書類を手渡します。

輸入者は、この船積書類、とりわけ、船荷証券がないと貨物を引き取ることはできません。

### 貨物の引き取り

輸入者は、信用状発行銀行に手形代金を支払います。その引き換えに、船積書類一式を受け取ります。

⑫こうして、輸入者は、無事貨物を引き取ることができました。

このように、輸出者側は、貨物を送るとすぐに、また、輸入者側は、代金支払いと引き換えに貨物を受け取ることができます。

なお、実務で使われている信用状は、信用状関係当事者（輸入者、輸出者、信用状発行銀行、確認銀行）全員の同意がない限り取消や変更ができない取消不能信用状（Irrevocable L/C）が用いられています。

## 信用状取引の流れ③

**10** 買取銀行は発行銀行に信用状と荷為替手形を送付。発行銀行は代金を支払う

**11** **12** 発行銀行は輸入者から手形代金を回収するのと引き換えに船積書類を輸入者に渡す。これで輸入者は荷物を引き取ることができる

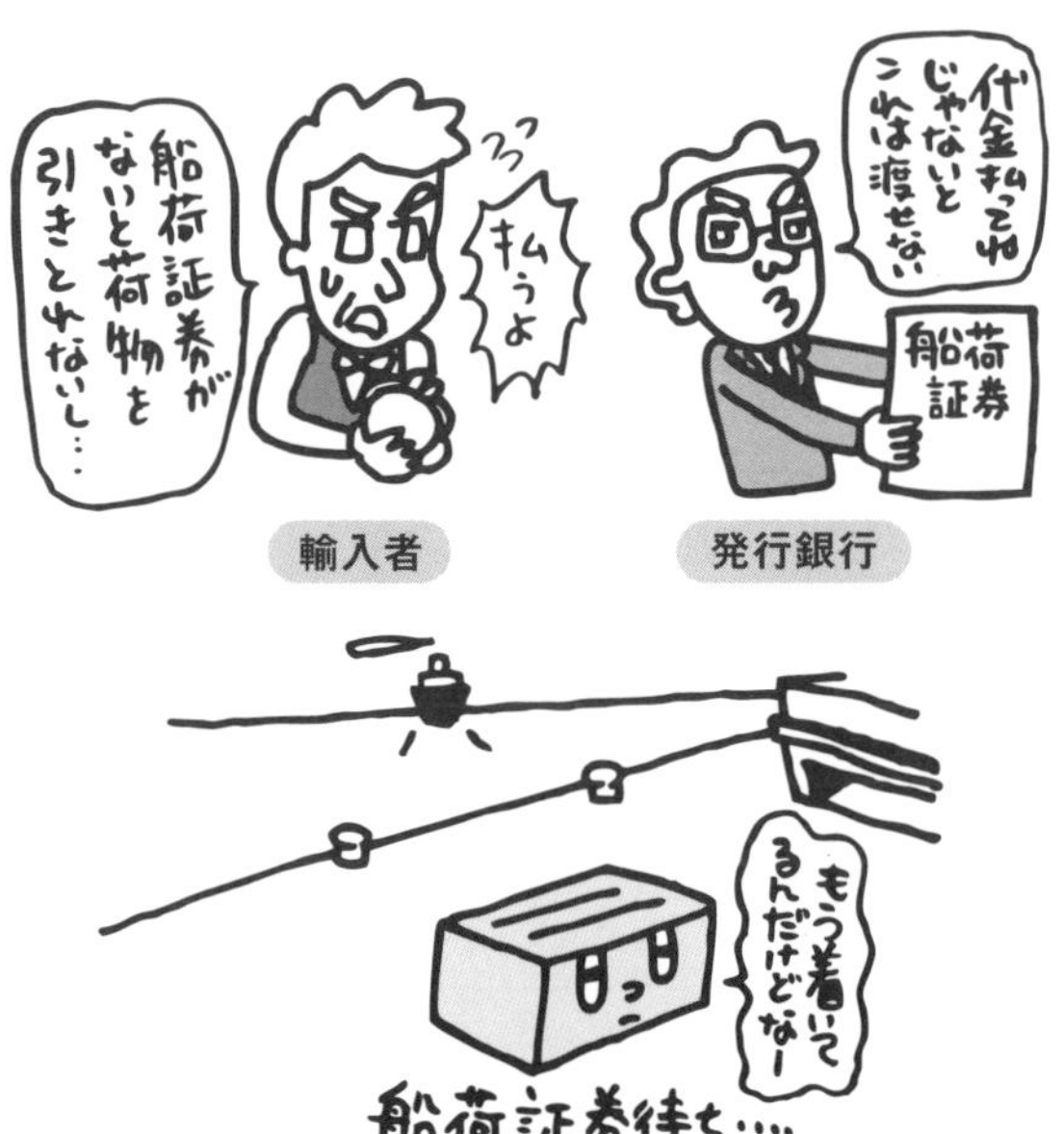

# 船荷証券（B／L）

## 船積みをした証明

海上輸送を請け負った船会社が、荷主に対して貨物を受け取った、あるいは、受け取り間違いなく船積みをしたという証に**船荷証券（B／L）**という書類を発行します。

貨物を受け取ったことを示す船荷証券を受取船荷証券といい、本船に積み込んだことを示すものを船積船荷証券といいます。

また、貨物にキズ（瑕疵）のあることを示す摘要（リマーク）がついている船荷証券を故障付船荷証券といい、リマークのないものを無故障船荷証券といいます。

これらの分類は、信用状取引において重要です。

## 有価証券としての船荷証券

船荷証券はまた、輸入地において貨物を受け取る際に必要なものです。これがないと貨物を船会社から引き取ることはできません。

船荷証券は、有価証券です。つまり、貨物の引取り請求権が船荷証券というカミに形を変えているわけです。

紙幣を考えてください。1万円札は、1万円の価値そのものですね。これは、1万円の価値が紙幣に形を変えているのです。

銀行の預金通帳（証書）と比較してみましょう。銀行の預金通帳（証書）は、預金をしているという証拠になる書類です。ですが、この通帳（証書）は、預金の請求権が化体しているわけではありませんから、こ

## 船荷証券（B／L）

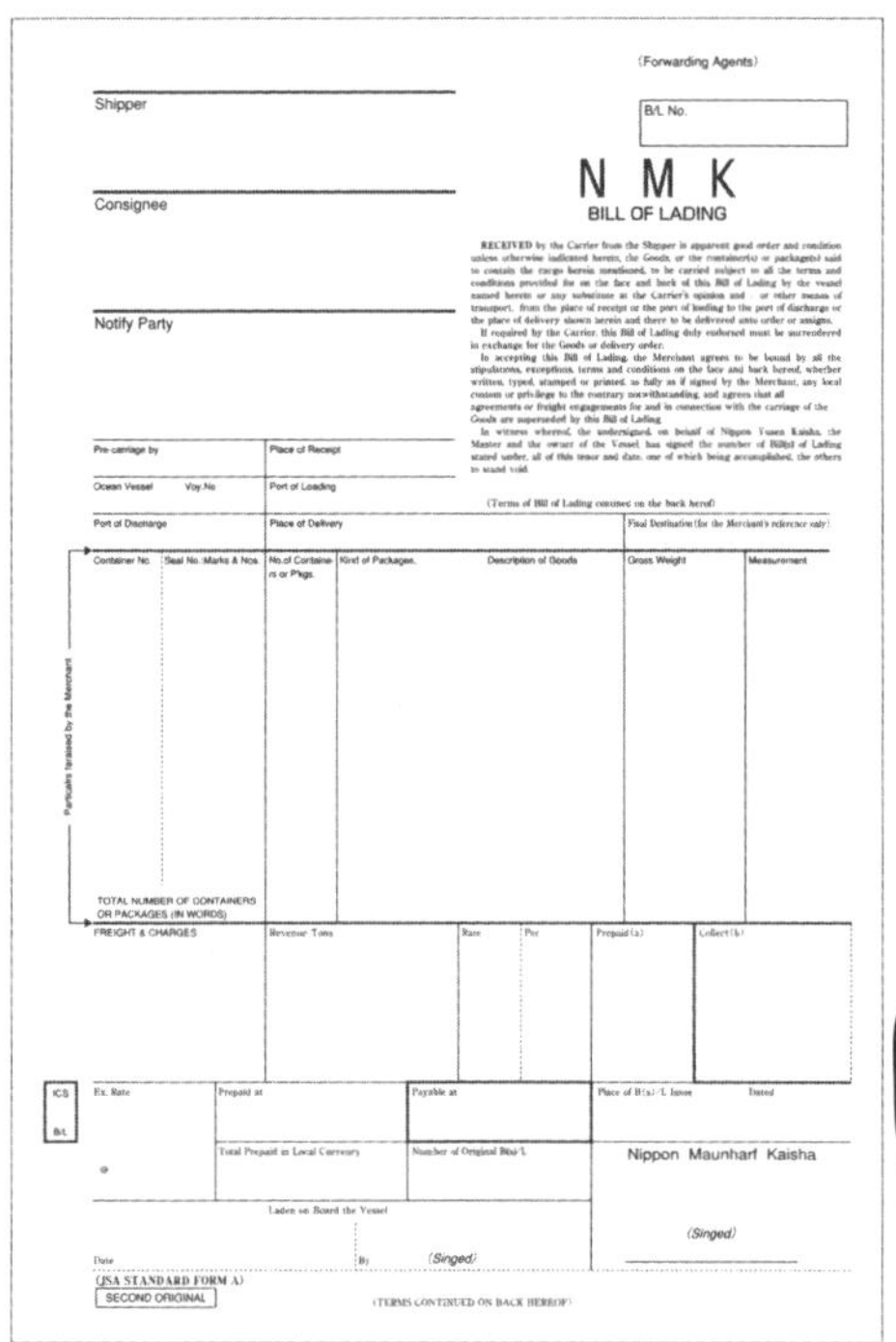

(Forwarding Agents)

Shipper

B/L No.

Consignee

N M K
BILL OF LADING

RECEIVED by the Carrier from the Shipper in apparent good order and condition unless otherwise indicated herein, the Goods, or the container(s) or package(s) said to contain the cargo herein mentioned, to be carried subject to all the terms and conditions provided for on the face and back of this Bill of Lading by the vessel named herein or any substitute at the Carrier's option and or other means of transport, from the place of receipt or the port of loading to the port of discharge or the place of delivery shown herein and there to be delivered unto order or assigns.

If required by the Carrier, this Bill of Lading duly endorsed must be surrendered in exchange for the Goods or delivery order.

In accepting this Bill of Lading, the Merchant agrees to be bound by all the stipulations, exceptions, terms and conditions on the face and back hereof, whether written, typed, stamped or printed, as fully as if signed by the Merchant, any local custom or privilege to the contrary notwithstanding, and agrees that all agreements or freight engagements for and in connection with the carriage of the Goods are superseded by this Bill of Lading.

In witness whereof, the undersigned, on behalf of Nippon Yusen Kaisha, the Master and the owner of the Vessel, has signed the number of Bill(s) of Lading stated under, all of this tenor and date, one of which being accomplished, the others to stand void.

Notify Party

| Pre-carriage by | Place of Receipt |
|---|---|
| Ocean Vessel Voy.No | Port of Loading |

(Terms of Bill of Lading continued on the back hereof)

| Port of Discharge | Place of Delivery | Final Destination (for the Merchant's reference only) |
|---|---|---|

Particulars furnished by the Merchant

| Container No. | Seal No. Marks & Nos. | No.of Containers or P'kgs. | Kind of Packages, Description of Goods | Gross Weight | Measurement |
|---|---|---|---|---|---|

TOTAL NUMBER OF CONTAINERS OR PACKAGES (IN WORDS)

| FREIGHT & CHARGES | Revenue Tons | Rate | Per | Prepaid (a) | Collect (b) |
|---|---|---|---|---|---|

ICS B/L

| Ex. Rate | Prepaid at | Payable at | Place of B(s)/L Issue Dated |
|---|---|---|---|
| | Total Prepaid in Local Currency | Number of Original B(s)/L | Nippon Maunharf Kaisha |

Laden on Board the Vessel

Date By (Singed)

(Singed)

(JSA STANDARD FORM A)
SECOND ORIGINAL

(TERMS CONTINUED ON BACK HEREOF)

れがなくても、銀行が真の預金者であるとわかれば、預金を引き出すことができます。つまり、預金通帳は、預金の内容を表しているにすぎない単なる証拠証券なのです。

これに対し、船荷証券は、証拠証券の性質も持ち、かつ重要なのは、有価証券だということです。

これは、船荷証券を呈示した者にだけしか貨物は引き渡せないということを意味し、また、裏書することにより譲渡が可能で、流通性があるということを意味します。

ちょっと理屈っぽくなりましたが、この船荷証券が有価証券であるがゆえに、後でお話しするいろいろな問題が生じます。たとえば、船荷証券がないので貨物が引き取れないとか、紛失してしまった場合、どうするのかなどです。これらの問題を解決するために実務上、いろいろなやり方があります。

# インボイス

## 貨物の明細が記載されている

**インボイス**とは、輸出入される貨物の明細が記載されている書類で、送り状ともいわれています。また、関税法上では、仕入書と呼ばれています。インボイスは、船荷証券、海上保険証券と並び、重要な船積書類です。

国内においても通信販売などで物を購入した時に、品物の名前、価格、数量、支払方法などが書かれた書類が添付されています。これにあたるものがインボイスです。

通常、インボイスには、貨物の種類、品名、数量、単価、総価格、貨物の輸入先（仕向地）、輸出者、輸入者、積載船名などが記載されています。

インボイスには、貨物の明細書の役割、納品書としての役割、請求書としての役割、梱包明細書の役割などがありますが、特に重要なのが次の3つです。

## 課税標準の計算上の資料となる

1つめは、関税や消費税などの課税標準の計算上の資料になるということです。インボイスに記載されている価格や数量は、実際の取引価格や取引数量です。ですから、たとえば、貨物の価格に対して関税が課税される場合、輸入通関の際に提出する税関提出用インボイスに記載された価格を基礎として課税価格を計算します。インボイスに記載された価格が、FOB価格（113頁参照）であれば、これに日本の港に到着するまでの運賃や海上保険料を加算しCIF価格を算出し、輸入（納税）

## インボイスの役割

貨物確認

課税標準の計算

信用状との一致を確認

インボイス

INVOICE

| Seller | Invoice No.and Date |
|---|---|
| KENTEI TRADING CO.,LTD. | ZTC-0728　Oct 7th,20XX |
| 14-1 ,8 Chome,Nishishinjyuku, | Reference No. |
| Shinjyuku-ku,Tokyo,JAPAN | Order No.ZTC12222 |

| Buyer | | Country of Origin : | |
|---|---|---|---|
| | | L/C No. | Date |
| Vessel or | On or about | Issuing Bank | |
| From | Via | | |
| To | | Other Payment Terms | |

| Marks & Nos. | Description of Goods | Quantity | Unit Price | Amount |
|---|---|---|---|---|
| | PARTS OF CARS | | | |
| | 1 Steering wheels (Of wood) | 20 pcs (N/W 100kg) | US$96.00 | US$1,920.00 |
| | 2 Horn button caps for wheels (Of stainless steel) | 70 pcs (N/W 15kg) | US$25.00 | US$1,750.00 |
| ZTC | 3 Bolts (Of stainless steel) | 500 packs (N/W 20kg) | US$1.50 | US$750.00 |
| ZTC12222 LONGBEACH C/N NO.1-15 MADE IN JAPAN | 4 Chassis springs (Of stainless steel) | 2 pcs (N/W 60kg) | US$650.00 | US$1,300.00 |
| | 5 Radiators (Of stainless steel) | 5 pcs (N/W 0kg) | US$500.00 | US$2,500.00 |
| TOTAL: 15cartons | | N/W 225kg | FOB TOKYO | US$8,220.00 |

KENTEI TRADING CO.,LTD.
(Signature)

申告をするわけです。

### 原産地証明書が不要になることもある

2つめは、輸出入両方の税関において貨物の中身についての確認資料としてです。さらに、原産地の記載がある場合には、原産地証明書の提出が不要になる場合もあります。

### 信用状との一致を確認する資料となる

3つめに、信用状取引の場合では、インボイスの提出が要求されます。この場合、インボイスの内容が信用状の条件と一致していることが必要です。もし一致していない場合にはディスクレ（80頁参照）となり、信用状発行銀行の支払保証は受けられません。

# 梱包明細書

## 包装ごとの明細が記載されている

**梱包明細書**（パッキングリスト）は、インボイスの内容を補うために包装ごとの明細を記載したものです。商品名、数量、正味数量、総重量、容積など梱包の内容がわかるように記載されています。ですから、輸入通関の際に課税価格を計算する上で必要な書類として税関から提出を求められる場合もあります。

梱包明細書は、輸出者が輸入者に宛てて作成しますが、実際には、梱包業者に作成してもらうこともあります。

## 信用状取引で要求されることも

また、信用状取引で梱包明細書が要求されている場合もあります。この場合には、当然、信用状条件と正味数量、総重量量などや信用状の表面に記載されているケースマークとインボイスなどのケースマークなどが一致している必要があります。なお、このケースマークのことを**荷印**（にじるし）ともいいます。

このケースマークは、インボイス面にも記載されていますが、もちろん信用状取引の場合、信用状面に記載されているものと一致していなければなりません。

梱包明細書は、輸出通関の際にインボイスなどとともに提出され、船積みされますが、荷為替手形の買取を依頼する際に、信用状の要求書類として梱包明細書が指定されている場合には、為替手形に添付して銀行に提出します。

## 梱包明細書

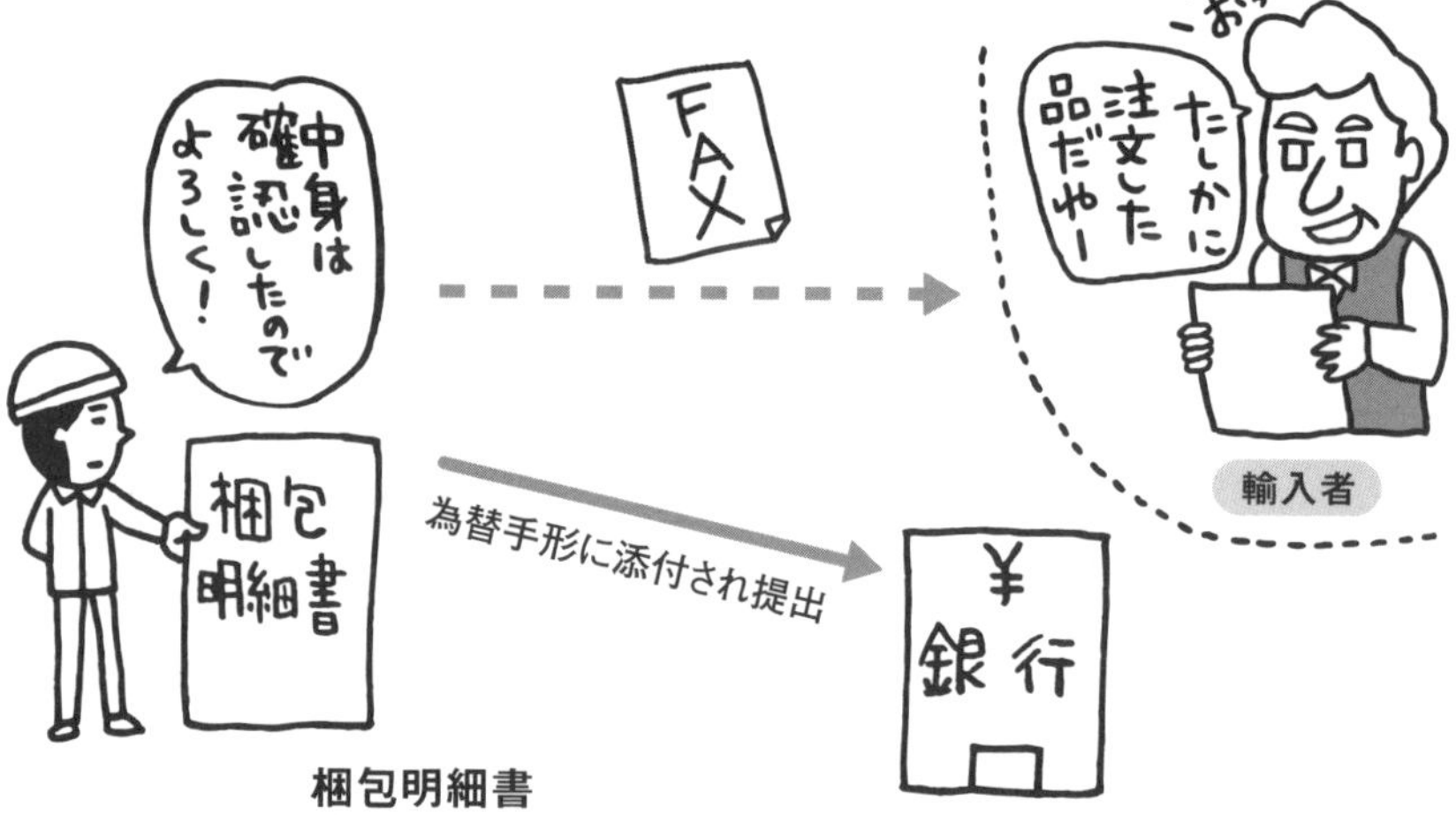


梱包明細書

KENTEI COMPANY LTD.

8-14 NISHISHINJYUKU 8-CHOME
SHINJUKU-KU ,TOKYO ,JAPAN
Phone：3365-1566,Fax：3365-6516,URL：www.boujitsu.com

PACKING LIST

| MESSRS. | Invoice No.and Date | Marks &Nos. |
|---|---|---|
| | Contract No | |
| | Payment | |
| | Issuing Bank | |
| | L/C No.and Date | |
| Vessel or | On or about | |
| From | Via | |
| To | | |

| Description | Quantity | Net weight | Gross weight | Measurement |
|---|---|---|---|---|
| | | | | |
| Total: | | | | |

COUNTRY OF ORIGIN ：

KENTEI COMPANY LTD.

K. MATSUMOTO GENERAL MANAGER
EXPORT DIVISION

# 信用状と船積書類の不一致

## ディスクレ対応

信用状の条件と船積書類の内容に不一致があることを**ディスクレ**といいます。

ディスクレがあると、信用状発行銀行は輸入代金の支払い保証をしてくれません。つまり、そのような荷為替手形では、支払いを拒絶されてしまうということです。

買取銀行は、このようなことがないように信用状条件と船積書類の内容を念入りにチェックします。その結果、不一致があった場合や船積書類相互間で矛盾がある場合、買取銀行は、原則として手形の買取りを拒絶します。

たとえば、信用状に記載された「数量」より少なく船積みされている場合、あるいは、信用状に記載された「船積期限」より遅れて船積みがされている場合などです。

このような場合、荷為替手形の買取り依頼人である輸出者は、どのような対応をとるのでしょうか。

ディスクレ対応は、次の４つに分けられます。

## アメンドメントを行う

輸出者は、輸入者に不一致の事実を連絡し、信用状発行銀行に対し信用状の条件変更の交渉をして欲しいと依頼します。これを受け輸入者は、信用状発行銀行に対し信用状条件の変更を依頼します。信用状の条件変更を**アメンドメント**といい、通常、アメンドといっています。

船積みまで比較的余裕のある場合にとられる方法です。

## 信用状と船積書類に不一致（ディスクレ）があったら

**1** アメンドメントを行う

**2** ケーブル・ネゴ

### ケーブル・ネゴにより買取りを実行してもらう

重要なディスクレがある場合で時間的余裕がない場合には、**ケーブル・ネゴ**という対処方法を取ることがあります。

これは、まず、輸出者が買取銀行にケーブル・ネゴによることを依頼します。

これを受け買取銀行は、信用状発行銀行にそのディスクレの内容を電信で連絡し、買取の諾否を照会します。これに対し、発行銀行が買取りに応じるとの回答があった場合、買取を実行するという方法です。この承諾にあたって、信用状発行銀行は、信用状発行依頼人である輸入者の承諾を取り付ける必要があります。

## L／Gを付けて買取を実行してもらう

買取依頼人である輸出者が、買取銀行に対し、ディスクレのある状態で手形を買い取って欲しい旨を依頼するものです。そして、もし、信用状発行銀行が支払いを拒絶してきた場合には、買い取ってもらった手形を買い戻すという念書（保証状：L／G）を差し入れる方法です。これを**L／Gネゴ**と呼んでいます。ちなみに、ネゴというのは、Negotiationつまり買取という意味です。

## 買取ではなく、取立扱いにする

ディスクレがあるため銀行が買い取ってくれない場合には、買取依頼をやめて、荷為替手形を取り立ててもらう方法をとるしかありません。結果として、せっかく、信用状を発行してもらっているのですが、これを利用した代金回収方法をとることができないということになります。

## 信用状なしのD／P、D／A手形

信用状なしのD／P、D／A手形による決済方法について説明しましょう。D／Pとは、Documents against Paymentの略です。すなわち、輸入者が支払いを行うと同時に、船積書類を渡すという意味です。

そのしくみは、まず輸出者が一覧払いの荷為替手形を銀行に取り立ててもらいます。

さて、取り立てに回った荷為替手形は、輸入者の取引銀行に着きます。そして、輸入者がその手形を決済すると、添付されている船積書類一式が渡されます。これで、輸入者は、貨物を引取ることができます。

次にD／A手形です。D／Aとは、Documents against Acceptanceのことです。すなわち、手形が呈示され、その手形を引き受けたら船積書類を渡すというものです。

この引受けというのは、手形の期日に支払いを行うという意思表示です。一覧払いのものと異なり手形が呈示されたときに支払う必要はなく、呈示された後、一定期間支払いが猶予されるものです。

輸入者側としては、とにかく引受けをすれば船積書類が手に入りますから、貨物を受け取り処分したのちに手形代金を支払うことができる場合もあり、便利です。

しかし、輸出者側から見れば、手形上の約束が取り付けられたとはいえ、手形金額が支払われないうちに

## L／Gネゴ

## 取立扱いにする

貨物を引き渡すことになります。したがって、この方法をとる場合には、輸出者は、きちんと相手を審査する必要があります。つまりは、信頼関係のある先でなければむやみにD／A手形を発行するわけにはいかないということです。

　これらの信用状なしのD／P、D／A手形は、通常、取立扱いによります。しかし、銀行が買い取ることもあります。この場合には、輸出手形保険を付保します。

# 船荷証券を紛失してしまったとき

## 無効にしてしまう

船荷証券は、有価証券ですから、紛失したので再発行してくださいというのは、通用しません。一万円札をなくしたので再発行してくださいといって銀行に行っても無理な話であるのと似ています。

ただ、再発行してもらう方法はあります。これは、なくした船荷証券を無効にしてしまう方法です。

そのためには、簡易裁判所で無効の決定をもらわなければなりません。そのためには、まず、公示催告の申し立てをします。裁判所は申し立てを受け、「この船荷証券を無効にしますが、異議のある人は、2カ月以内に申し出てください」と催告します。この期間に異議申し立てがない場合、裁判所は、この船荷証券を無効にする決定をします。これを**除権決定**といいます。この除権決定書を提出し船会社に船荷証券を再発行してもらいます。

## もちろんデメリットはある

しかし、公示催告の申し立てから除権決定までは、通常数カ月かかるといわれています。その間、貨物を受け取ることはできず商機を逃しかねません。また、倉庫への保管料金などのコストもかかります。

## 船荷証券を紛失したとき

除権決定

手続の間、荷物の受け取りはできない

Column

# 荷印ってなに？

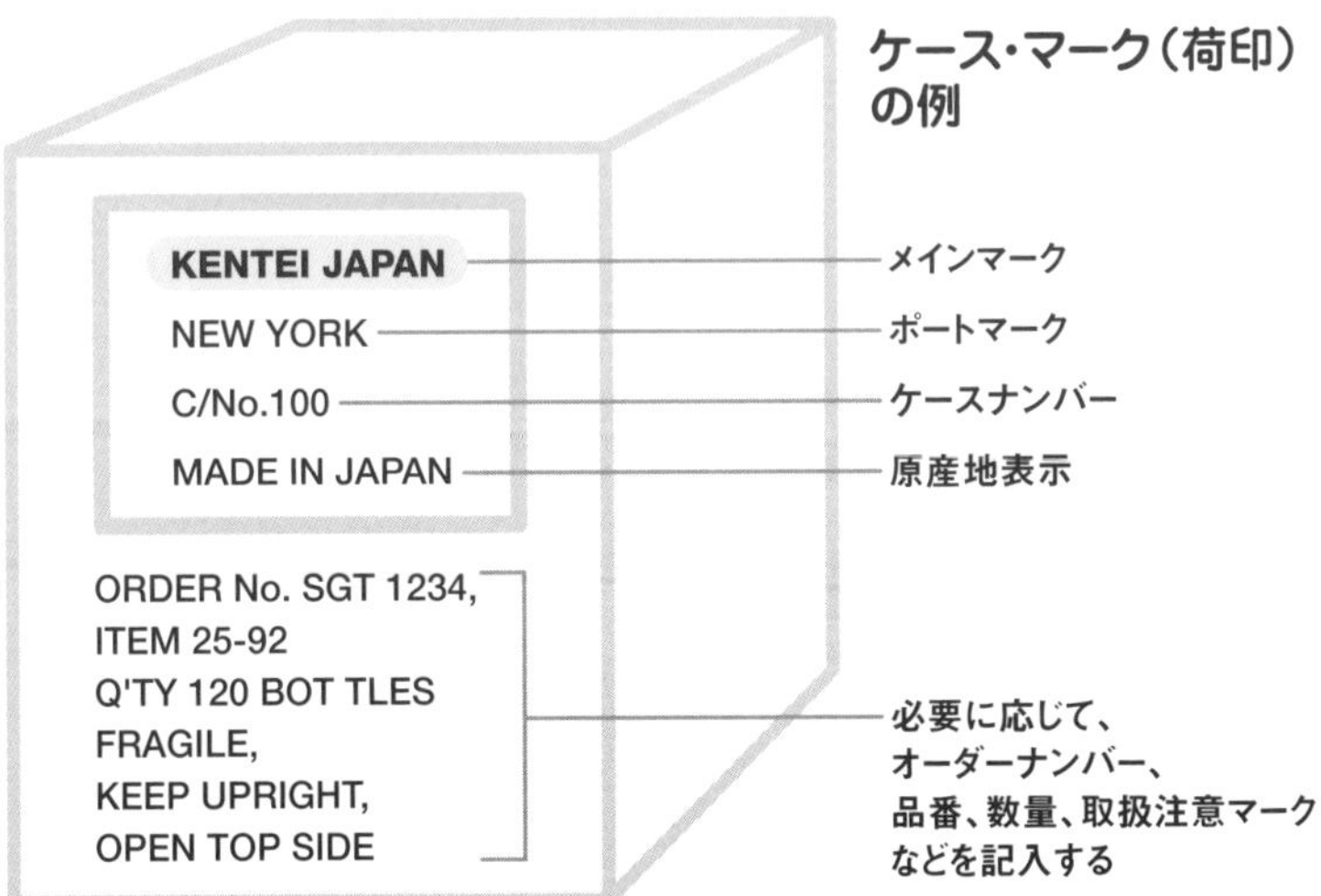


貨物が安全に輸送されるように、貨物の表面に記されるのが、荷印です。荷印の目的は次の通りです。

①目的地を明確に記載して、確実に届けられるようにする。
②何の貨物か、誰の貨物かがはっきり認識できるようにする。
③破損注意、天地指定などを指定して貨物の損傷を防ぐ。
④原産国、取扱注意マークなどで、各国の規制や要請を順守する。

荷印には定型の書式などはありませんが、貨物の表面の見やすいところに、貨物が特定できるように記載します。

# 第5章

# 取引の準備から契約まで

# 取引先を見つける

## 情報を収集する

いよいよ海外との取引です。海外の取引先を探す方法は、たくさんあります。海外情報誌、海外の産業・経済系の新聞、輸出業者名鑑などや国内外の見本市で商品や取引先を見つけます。

また、最近は、インターネットで24時間無料検索できるマッチングサイトが世界中にできています。日本では、JETRO（日本貿易振興機構）のTTPP（トレード・タイアップ・プロモーション・プログラム）やアリババというサイトが有名ですが、このほかにも役立ちそうなサイトがいくつかあります。

ただ、注意したいのは、これらのサイトを見て、実際に取引を行おうという場合には、**相手方を十分に調査して行わないと詐欺などの被害に会う可能性もあるということです。**

そのほかの国でも「国名　Trade Directory」と入力し検索すると、各種のサイト情報が出てくることが多いですから、試してみるとよいでしょう。

また、これらのサイトを通して商品の発掘も行うことができます。たとえば、サイトで鼻緒のない〝ストリップサンダル〟の輸出を希望している韓国の業者のプロポーザルを見つけ、輸入して夏にプールで販売してはどうかなどいろいろなアイデアが生まれます。

最近は中国に関するダイレクトリーも多くあり、中国との取引を進めるうえで便利です。

また、見本市の情報もJETROの展示会、見本市データーベースである〝J-messe〟をインターネット上で見ることができます。また、参加者を募集している見本市もわかります。

これらの情報を有効に利用し、取引先確保の手段にするとよいでしょう。

このほか、商談会へ参加したり、関連する業界の雑誌に広告を掲載したり、在日外国商務機関に照会したりする方法があります。

## 主なダイレクトリーサイト

1. **TTPP** ■ https://www.jetro.go.jp/ttppoas/indexj.html
2. **Alibaba Japan** ■ https://www.alibaba.co.jp/
3. **Indian Trade Portal**（英文）■ http://www.indiantradeportal.in/
4. **THAITRADE.COM** ■ https://www.thaitrade.com/home
5. **VIETNAM TRADE PROMOTION AGENCY**（英文）■ http://en.vietrade.gov.vn/
6. **日台ビジネスステーション** ■ https://www.jptwbiz-j.jp/
7. **Business Dubai**（英文）■ http://www.businessdubai.com/
8. **Trade Directory**（英文）■ https://www.tradedirectory.com/

# マーケティング調査をする

## 環境調査

貿易を行う際には、市場に関するあらゆる情報を分析し、取引すべきかどうかを検討します。

まず環境調査は、自社を取り巻く環境について2つの側面で調査します。一方が外部環境、もう一方が内部環境、すなわち自社自身についての調査です。

外部環境調査では、相手国の状況や、その国でのこれまでの一般的なトラブル事例、また扱う商品が市場にマッチするか、消費者や競争相手などについても調査します。

内部環境調査では、自社の経営資源であるヒト（貿易を行う能力、力量）、モノ（商品の機能）、カネ（資金）に加え、ノウハウ（その分野での経験・知識）を中心に調査します。

## マーケティング分析

市場調査を行いマーケティング分析することにより、誰に（Who）、何を（What）、どのように貿易を行うか（How）が明らかになります。

誰に（Who）は、ターゲットにする顧客です。

たとえば、輸入の場合、国内において、「新しいブランドが好きなセレブな40代から50代までの婦人」というようなターゲットを設定します。

何を（What）は、商品やサービスです。これは、顧客のニーズ、ウォンツにマッチしたものでなければなりません。

どのようにして（How）は、まさに自社の能力、経営資源が重要な

# さまざまな分析方法

## SWOT分析

外部環境に対して、自社の強み、弱みを踏まえ、何をすべきか、戦略を検討する

| | | 外部環境 | |
|---|---|---|---|
| | | 機会（Opportunity） | 脅威（Threat） |
| 内部要因 | 強み（strength） | | |
| | 弱み（weakness） | | |

## PPM（プロダクト・ポートフォリオ・マネジメント）

ボストンコンサルティンググループ（BCG）が提唱した、製品、事業の資本配分戦略のための分析手法

| 市場成長率 | 相対的マーケットシェア 大 | 相対的マーケットシェア 小 |
|---|---|---|
| 高 | 花形（stars） | 問題児（problem children） |
| 低 | 金のなる木（cash cows） | 負け犬（dogs） |

ポイントになります。つまり、自社の持つ経営資源をどのように有効的に、効率的に使うかが問われます。

**このように、誰に、何を、どのようにしての3つの要素が集合して戦略ドメインが設定されます。**この戦略ドメインは、企業のビジョンを達成するための戦略の中核を担う大変重要なものです。

### さまざまな手法を活用する

マーケティング分析を行う際には、SWOT分析、差別化戦略、PPM、マーケティングミックスなど、さまざまな視点での分析方法がありますので、これらを活用するのもよいでしょう。

# 信用調査をする

## リスク管理としての側面

国内取引でも同様ですが、取引の相手をよく確かめないと後で大きなトラブルに発展するおそれがあります。また、逆に真似られて営業上の利益を損ねてしまうこともあります。

不正競争行為を平気で行う業者もいます。**信用調査**は、このようなモラルハザードに対するリスク管理という側面も持っています。

## 調査内容

信用調査を行う場合の主な調査項目は、次の４つです。

①資産・財政状態（Capital）

取引見込み先の財政状態から、支払い能力を調査します。

②業務能力・営業能力・経験（Capacity）

取引見込み先のこれまでの実績から会社の能力を調査します。

③品位・誠実さ（Character）

これまで社会的にトラブルがなかったか、業界の評価などから会社の品位や誠実さを調査します。

④企業環境（Conditions）

取引見込み先の業界全体の成長性や、取り巻く環境を調査します。

## 調査の方法

調査には、通常、次の3つの方法があります。これらの方法を組み合わせ行うとよいでしょう。

①銀行に照会する（Bank Reference）

これは、取引銀行に取引見込み先

## 信用調査

### 銀行に照会

### 調査機関に依頼

### 信用調査の内容

- 会社名
- 設立年月日
- 資本金
- 役員名
- 業種
- 主な仕入先
- 主な販売先
- 取引銀行、取引年月日
- 取引の量、決済状況
- 経営者のプロフィール
- 属する業界と業界内におけるポジション
- 財務内容・収益力
- 経営理念
- 営業方針
- 営業内容
- 将来性
- 業界内および取引先における評判
- 総合信用度

の取引状況を問い合わせることです。

取引状況に懸念あるか、ないかといったことがわかります。

②調査機関に依頼する（Credit Agency）

商業興信所に調査を依頼する方法です。この場合、世界中にネットワークを持った興信所を使うのも手ですが、現地の有力興信所だと、細やかな調査が期待されます。

③同業者に依頼する（Trade Reference）

これは、相手の取引先や同業者に取引見込み先の状況を問い合わせることです。

# 法律を調べる

## 輸入者は自覚を持つことが必要

日本の貿易関連法規のみならず相手国の貿易関連法規をしっかりと調査しておかないと、思わぬところで落とし穴にはまります。通関業者を通して貿易が行われる場合には、通関業者は貿易関連法規のプロですから、アドバイスを受けることも可能です。もちろん、現地の法律もそのネットワークを通じ入手可能です。

重要なのは、輸入者は、通関業者任せにするのではなく、最終責任者は自分であるとの自覚を持つことです。

日本の国内法規は、大きく分けて**関税法などの関税に関する法律**と**それ以外の他法令**（関税に関する法律以外の法律）の2つになります。

## 関税に関する法律

関税に関する法律は、輸出や輸入の場合の通関手続や、輸入の場合の関税額の確定、免税・減税・戻し税などについて定められています。本書でも通関手続の流れを見ていきますが、これは、この関税法によって規制されています。

## それ以外の他法令

もう1つの他法令は、なかなか厄介なもので、数多くあります。「外国為替及び外国貿易法（以下、「外為法」）およびこの法律の政令である「輸出貿易管理令」「輸入貿易管理令」、また「食品衛生法」「薬機法」「植物防疫法」などです。

## 貿易取引に登場する法令

**関税に関する法律**

- 関税法
- 関税定率法
- その他関税に関する法律

**外為法**

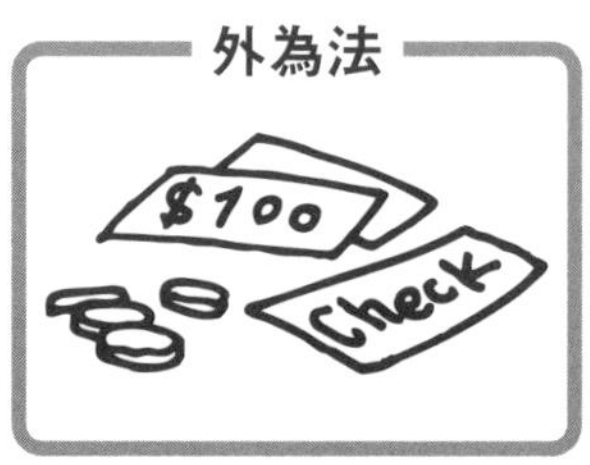

**税関**

**食品衛生法**

**植物防疫法**

など、他にもたくさんある!

韓国から食用海苔を輸入しようとする場合、食物ですから「食品衛生法」の規制を受けます。また、食用海苔の輸入では、国内産業と利害関係が発生します。そのため食用海苔はその輸入が数量制限されていきます。外為法の政令である輸入貿易管理令では、まず輸入割当を受けそのうえで経済産業大臣の輸入承認を受けなさいと規定しています。

これらの手続きは、税関長への輸入申告前に行っておかなければなりません。なぜなら、輸入しようという貨物について、他法令で輸入に関する許可や承認などが必要なときは、輸入申告の際にそれらを受けていることを税関に証明しなければならないからです。証明できないときは、輸入許可を受けられないしくみになっています。

# 取引交渉～契約成立

## 取引交渉の流れ

継続的な取引先との契約の場合、電話やメールで発注し即商品が手配されるという具合になりますが、形式的な場合、契約の成立までには左頁の図のような段階を踏むのが通常です。

もっとも契約成立のためには、両者の**Offer（申込み）**と**Acceptance（承諾）**の意思の一致があれば成立します。しかし、**Inquiry（引合い）Offer（申込み）**のやりとりでは、契約は成立しません。

## Proposal（勧誘）

Proposal（勧誘）とは、販売の売り込み活動のことです。広告宣伝を行ったり、あるいは、積極的に販売促進を行うといった行為で人の心を揺り動かす活動です。当然、輸入された商品や輸出しようという商品を売り込む場合には、重要な活動になります。

## Inquiry（引合い）

この販売促進活動を見て興味を示し問い合わせをする行為がInquiry（引合い）です。たとえば、その商品を調達しようかと検討している人が詳しい商品内容や仕様書の説明を要求したり、サンプルなどを依頼することです。売主から見れば見込先ということになります。売主は、この見込先を最重点先（近いうちに契約成立する見込が非常に高い先）、重点先（契約の成立の可能性が高いが、いくつかのハードルを越える必

## 勧誘と引合い

**契約成立までのパターン**

Proposal（勧誘）

↓

Inquiry（引合い）

↓

Offer（申込み）

↓

Counter Offer（反対申込み）

↓

Acceptance（承諾）

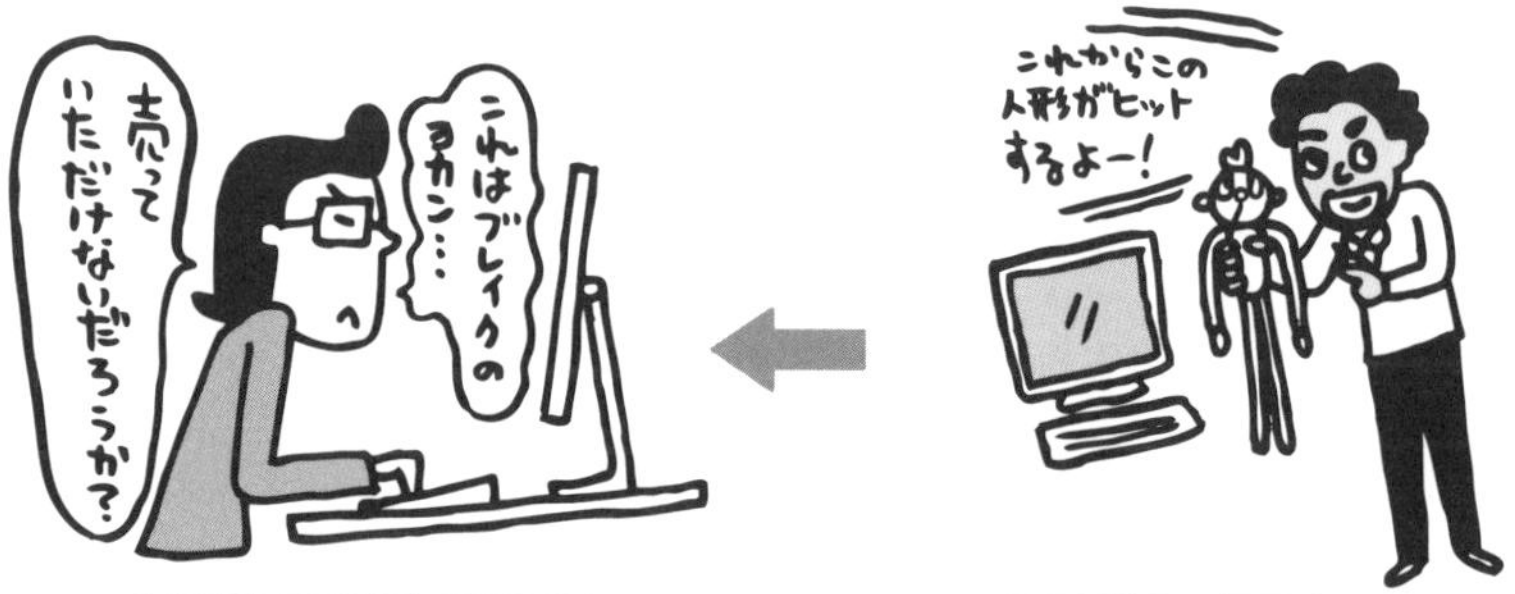

売っていただけないだろうか？

これはブレイクのヨカン…

これからこの人形がヒットするよー！

Inquiry（引合い） ← Proposal（勧誘）

要がある先）、未開発見込先（まだ、十分な連絡を取っていない先）などに分けリストを作り販売見込先管理を行います。

## Offer（申込み）

この引合いの中で何度かのやり取りを行ったところで、売主が売買の条件を提示して売り申込みを行うことがあります（Selling Offer）。あるいは、買主が条件を示し買い申込みを行うことがあります（Buying Offer）。

## Counter Offer（反対申込み）

これに対し、それぞれ申込みされた内容に不服があれば内容を修正して申込者に示します。これが、反対申込み（Counter Offer）です。たとえば、売主が一単位当たり200USドルで売りたいという条件に対し185USドルであれば買い受けるといった新しい条件で買い申込みすることです。

この条件で売主が納得すれば契約成立ということになります。

実際の現場は、いろいろなケースがあり契約成立までの道筋はさまざまです。しかし、申込みと承諾の意思が一致してはじめて契約が成立するのは絶対です。このように意思の一致で契約が成立する類型を、法律の世界では諾成契約といっています。

## 契約書の作成

次に契約書の作成です。契約書というと大変堅苦しく思われるでしょうが、**注文書**（Purchase Order）、**注文請書**（Sales Note）などが使われます。

注文書は、買主側が売主側に送るもので、売主が内容を承諾すればそのまま契約書になります。また、注文請書は、たとえばメールで注文した場合、これに対し売主が発行すれば契約書になります。

そもそも契約書は、契約の成立の要件ではありません。契約書の作成は、お互い、契約内容を確認し後々のトラブルを防ぐというのが大きな目的です。

また、万が一トラブルが発生した場合、重要な証拠となるものです。

取引額が大きいものなどの場合は、正式な契約書（Contract Sheet）にサインをします。

## 申込み〜契約成立まで

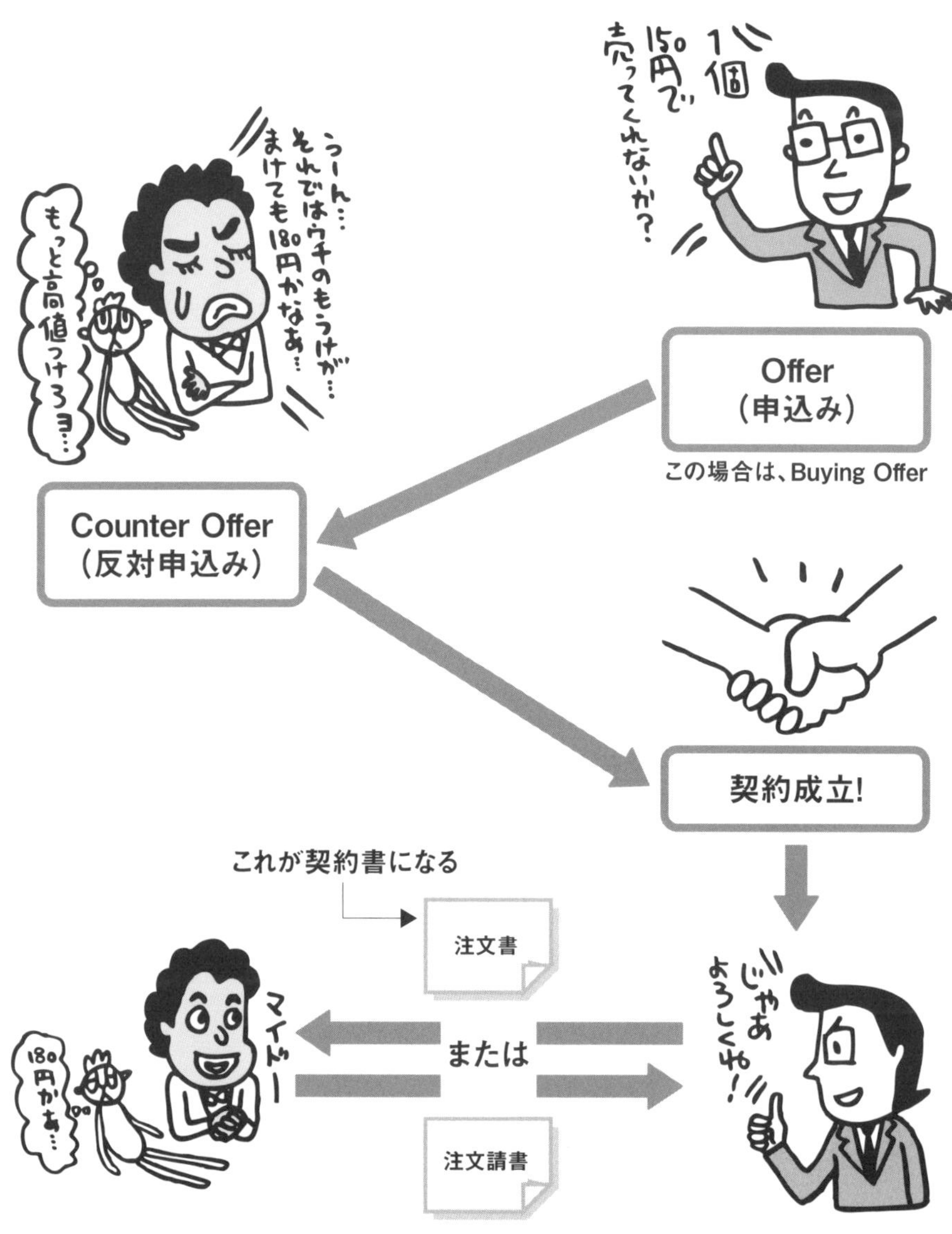
1個150円で売ってくれないか？
Offer
（申込み）
この場合は、Buying Offer
う〜ん…それではウチのもうけが…まけても180円かなあ…
もっと高値つけろヨ…
Counter Offer
（反対申込み）
契約成立!
これが契約書になる
注文書
または
注文請書
じゃあよろしくね！
マイドー
180円かあ…

# いろいろなオファー

## ファーム・オファー

ここでは、いろいろなオファーの種類についてご紹介しましょう。

**ファーム・オファー（Firm Offer）**とは、日本語では、確定申込みのことで、回答の到着期限を限定する条件をつけた申し込みのことをいいます。実務の世界でもよく使われるものです。

申込みをしたが、相手先から返事がなかなかこない。その間に情勢も変わってきた。そんなとき、承諾の通知が届いたということでは、申込み者は損害を被ることになります。そこで、指定した日までに返事がない場合には、この申込みの法的効力は、なくなるというものです。

ですから、期限を過ぎてから相手方から承諾通知が届いても、契約は成立しません。この場合は、新たな申込みと解釈されます。

## 先売り御免条件付オファー

先に契約が成立し、他の人に売り、売り切れた場合には、ご容赦をというオファーです。つまり、売り切れたときには、オファーの効力は失効するという条件をつけたものです。供給が限られた商品の場合に使われることがあります。

## サブコン・オファー

**サブコン・オファー**は、買主の承諾があってただちに契約が成立するというものではなく、売主の確認があってはじめて契約が成立するという条件をつけたオファーです。

## いろいろなオファー

ファーム・オファー
（確定申込み）

先売り御免
条件付オファー

サブコン・オファー

# 契約書のはなし

## タイプ条項と印刷条項

契約書の記載内容のうち、品名、数量、単価、船積時期など、その取引固有の条件が書かれている部分を**タイプ条項**と呼んでいます。取引ごとに条件をタイプで打ち込むことからそう呼ばれているのです。

一方、契約書の裏面には、どのような取引にでもあてはまるよう出来合いの契約条項が印刷されています。この内容を一般取引条件(General Terms and Conditions)と呼んでいます。

これらの条項は、契約書の裏面に印刷されているという意味合いから**印刷条項**（裏面約款）と呼ばれています。

一般取引条件には、おもに左頁のような事項が記されています。

## 印刷条項の内容にも注意が必要

ところがこの印刷条項の内容は、取引に適合した形で記載されているとは限りません。内容に矛盾があることもありえます。タイプ条項と印刷条項との条件に矛盾があった場合には、タイプ条項が優先されます。

また、契約書を作成した側に都合よく一方的に印刷されていることもあります。

内容に矛盾や受け入れられない内容があった場合には、相手方に連絡し訂正するか、抹消するか、あるいは、相手方の契約書の書式を使わず、自社の書式の契約書を使用するなどする必要があります。

## タイプ条項と印刷条項

**一般取引条件の記載内容**

- 船積条件
- 支払条件
- 保険条件
- クレーム
- 債務不履行であった場合の対応
- 不可抗力の場合の対応
- パテント・トレードマークについての取り決め
- 紛争の解決手段
- 準拠する法律など
- 権利放棄など

Column

## 書式の戦い

貿易の世界では、よく「書式の戦い（The Battle of the Forms）」といいますが、これは、輸入者、輸出者がそれぞれ自社にとって有利な書式を使用するようお互いに要求する様を表したものです。

自社にとって譲れない条項は、相手方と交渉すべきです。一番よくないのが「まあいいや」と気軽にサインしてしまうことです。

なにも起こらなければいいのですが、このようなケースは、爆弾を抱えているようなものです。トラブルになったとき泥沼化する危険性があります。

内容について矛盾や受け入れられない規定などがある場合には、きちんと連絡をし、訂正などを行う必要があります。

# 第6章

# 貿易取引条件とは

# 品質条件を決める

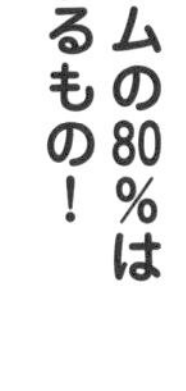

## 貿易クレームの80％は品質に関するもの！

お互いに間違いのない貿易契約を結ぶにあたって、各種事項について相手方と取り決めを行う必要があります。本章では、品質条件、数量条件、インコタームズについて見ていきましょう。

まずは、**品質条件**です。売買契約をするとき、双方でどのような品質かをきちんと指定し決定しておくことが重要です。なにしろ、貿易クレームの80％は、品質に関するクレームだといわれているくらいです。

また、決定した品質は、いつの時点での品質か、すなわち品質決定時点の取り決めをしておくことも大切です。

品質指定の方法の代表的なものとしては、次の5つがあります。

## 見本売買

見本売買とは、買主または売主が、実際に取引したい商品のサンプルを相手に示して取引を行う方法です。たとえば、売主が商品のサンプルを提示し、買主はそれを精査し、これでよい、となったらそのサンプルの品質と同一のものを申し込みます。

また、買主がそのサンプルを気に入らなかった場合は、サンプルの改良を求めることもあります。

また、買主が試作品を作成し相手方に提示しその試作品と同一品質の商品を求めることもあります。

なお、サンプル輸入については、関税定率法で規定する要件にあてはまれば免税の適用を受けることができます。

## 品質条件①

サンプルを相手に示す

良い品質といっても
人によってさまざま
॥
双方できちんと指定

標準品売買

標準品質として決定された基準を使用する

### 標準品売買

標準品売買は、主に農水産物の取引の際に使われる品質の指定方法です。これには、主に2つの取り決め方があります。

1つは、農産物などを収穫する前の売買に使われる平均中等品質条件（FAQ：Fair Average Quality Terms）です。これは、収穫物の中等品（標準品）を指定するやり方です。この中等品質は、通常、輸出地の公的な機関（漁業組合、農業組合など）がその年の収穫された産物の中等品（standard）を決め価格が設定されます。

もう1つは、冷凍魚や木材などの売買に使われる適商品質条件（GMQ：Good Merchantable Quality Terms）です。これは、取引をするうえで適当な品質を備えているものという意味です。つまり、その商品を輸入者が再販売するのに適切な程度の品質を備えているものと考えるとわかりやすいでしょう。

## 銘柄売買

トレードマークや商品のブランドを指定する方法です。

トレードマークやブランドには、品質保証機能があります。たとえば、同じトレードマークの同種の商品は、商品ごとに品質が異なるということはありません。この機能を利用した品質指定の方法が銘柄売買なのです。

## 仕様書売買

機械器具や化学品といった工業品などを発注する場合、仕様書を使用してこれに写真や図面、見本品などを添付して行うことがあります。これが、仕様書売買です。

## 規格売買

ＩＳＯ規格など国際的な標準が定められている場合に、その規格を品質条件とすることがあります。

## どの時点での品質か

また、品質の決定時期についても契約で明らかにしておく必要があります。

輸入の場合であれば、契約で指定した品質と比べて、輸出国の輸出港で船に積むときの品質が一致していればいいのか、あるいは、日本に到着し陸揚げするときの品質が一致していればいいのかを決めておく必要があります。

前者を**船積品質条件**（Shipped Quality Terms）といい、後者を**陸揚品質条件**（Landed Quality Terms）といいます。

これらのうち、輸出港での船積品質条件の場合には、輸入者は、現地に赴かない限り本当に品質が契約通りかわかりません。そこで、現地の公認の検査機関で品質検査を受け証明書をつけるように輸出者に要求します。

郵 便 は が き

料金受取人払郵便

日本橋局
承　　認

1301

差出有効期間
2021年5月31日
まで

103-8790

011

東京都中央区日本橋2-7-1
東京日本橋タワー9階

㈱日本能率協会マネジメントセンター
出版事業本部 行

| フリガナ | | 性　別 | 男 ・ 女 |
|---|---|---|---|
| 氏　　名 | | 年　齢 | 歳 |
| 住　　所 | 〒<br><br>TEL　　（　　　） | | |
| e-mail<br>アドレス | | | |
| 職業または<br>学校名 | | | |

ご記入いただいた個人情報およびアンケートの内容につきましては、厳正な管理のもとでお取り扱いし、企画の参考や弊社サービスに関する情報のお知らせのみに使用するものです。詳しくは弊社のプライバシーポリシー（http://www.jmam.co.jp/about/privacy_policy.html）をご確認ください。

# アンケート

ご購読ありがとうございます。以下にご記入いただいた内容は今後の出版企画の参考にさせていただきたく存じます。なお、ご返信いただいた方の中から毎月抽選で10名の方に粗品を差し上げます。

● 書籍名

● 本書をご購入した書店名

● 本書についてのご感想やご意見をお聞かせください。

● 本にしたら良いと思うテーマを教えてください。

● 本を書いてもらいたい人を教えてください。

★読者様のお声は、新聞・雑誌・広告・ホームページ等で匿名にて掲載させていただく場合がございます。ご了承ください。

ご協力ありがとうございました。

## 品質条件②

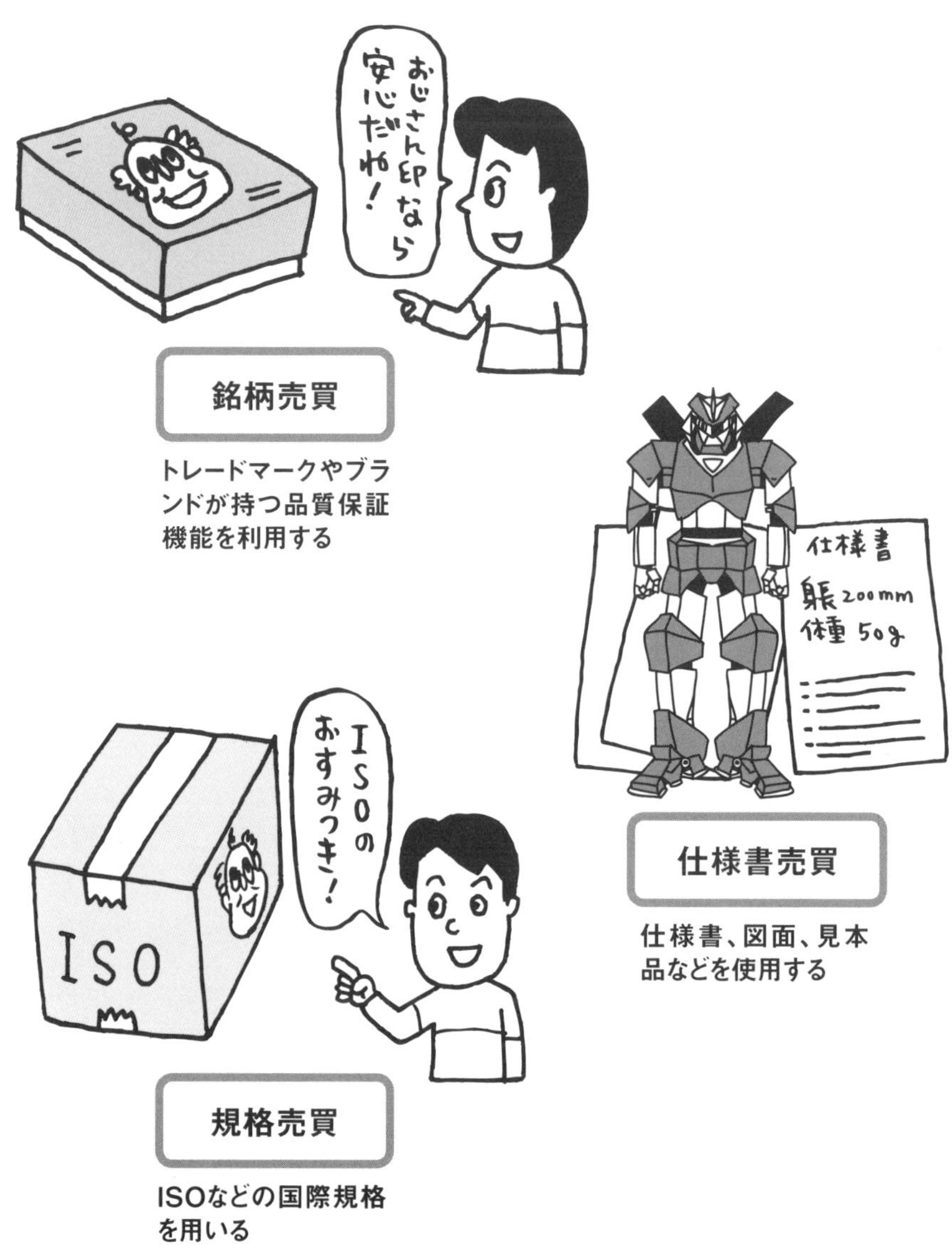

おじさん印なら安心だわ!
銘柄売買
トレードマークやブランドが持つ品質保証機能を利用する
仕様書
身長 200mm
体重 50g
仕様書売買
仕様書、図面、見本品などを使用する
ISO
ISOのおすみつき!
規格売買
ISOなどの国際規格を用いる

# 数量条件を決める

## 何の単位で測るかも決定する

品質と合わせ、どのくらいの量を取引するのかも指定しておく必要があります。量の場合は、世界各国で単位も異なりますので、きちんと指定しておかねばなりません。

## トンにもいろいろある

貿易取引に使われる数量の単位には多くの種類があります。

有名なものにトンがあります。同じトンでも、重さを示す**重量トン（W／T）**と、船舶などの容積を示す**容積トン（M／T）**などがあります。

さらに、重量トンにも3つの種類があるので注意が必要です。

重量トンの方は、KG（キログラム）やポンドに換算できます。

みなさんは、小学生の頃、「1トン=1000キログラム」と習ったはずです。しかしそれは、仏トン（Metric Ton）のことなのです。このほかにも、米トン（Short Ton）、英トン（Long Ton）があります。

現在では、米国や英国では、英トンや米トンは法律上使わないことになっていますが、慣習として使用していることもあるようです。いずれにせよ、トンときたら、Metricなのか、Longなのか、Shortなのか確認をする必要があるでしょう。

船の容積や、容積立てで測るのに適している場合に用いられる容積トン（M／T：Measurement ton）は、1M／Tを1㎥と換算する場合と、40立方フィート（1.133㎥）として換算する場合があります。なお、船の運賃は、1M／Tを1㎥と換算し計算します。

##  米トンと英トン

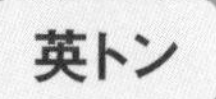

| | |
|---|---|
| 米トン | 1トン ＝ 2,000ポンド ≒ 907kg |
| 英トン | 1トン ＝ 2,240ポンド ≒ 1,016kg |

##  個数の単位

piece（pc）

ダース（12個）

グロス（1ダース×12）

##  包装の単位

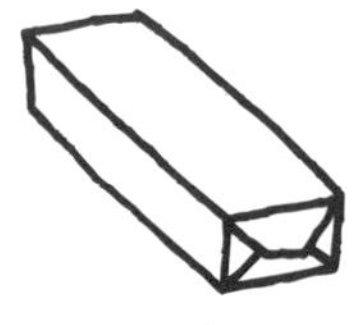
Carton（カートン）

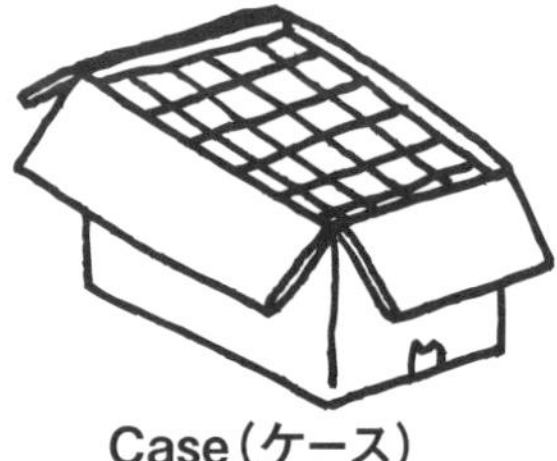
Case（ケース）

### 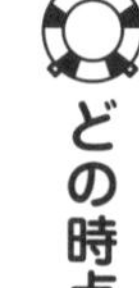 どの時点での数量か

ここでも、契約で定めた数量（重量）は、船積時点（Shipped Weight Terms）なのか、陸揚時点（Landed Weight Terms）なのかを取り決めておかねばなりません。船積時点の数量という場合には、輸出国の公認検定機関で「重量容積証明書（Certificate and List of Measurement and/or Weight）」を作成してもらいます。

ところで、穀物のように、輸送中に欠減が生じ、契約どおりの数量を引き渡すことが困難である場合があります。このような場合のために契約で「数量過不足容認条件」をつけ、契約の範囲内の過不足を認めるという取り扱いをします。

# インコタームズってなに？

## 慣習から生まれた貿易条件のしくみ

世界中の異なる文化、慣習、法制度のもとで行われる貿易取引のトラブルを防ぐために作られたのが、**インコタームズ**という貿易条件のしくみです。これは国際商業会議所（ICC：International Chamber of Commerce）が作った貿易条件の解釈に関する国際規則です。

インコタームズは、国際条約や法律とは異なり強制力のあるものではありません。しかし、お互いが合意のうえインコタームズを利用することにより、貿易条件がはっきりし、トラブルも未然に防ぐことができます。

現在の2020年インコタームズは、2規則11条件あり、それぞれ費用負担の範囲と、貨物の危険負担の範囲が定められています。

このインコタームズは、その時代の貿易環境を反映するため10年に1回改定されています。

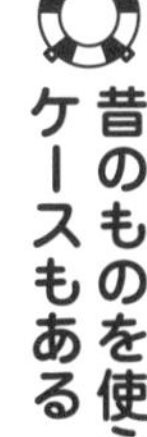

## 昔のものを使うケースもある

もっとも、強制力を持ったものではありませんから、昔に使われていたインコタームズを取引に利用することがあります。たとえば、コンテナ輸送が盛んになった今日でも、コンテナ船以外のいわゆる在来船に使うべきインコタームズ（昔ながらのインコタームズ）が使用されていることがほとんどです。

実務の世界で多く使われているインコタームズは、FOB、CFR（C&F）、CIFです。これらは、貿易活動の歴史を通してノウハウが蓄積され、慣習として発生してきた

## インコタームズ2010年版と2020年版の比較

| インコタームズ 2010 年版 | | | インコタームズ 2020 年版 | |
|---|---|---|---|---|
| EXW | Ex Works<br>工場渡条件 | グループⅠ | EXW | Ex Works<br>工場渡し |
| FCA | Free Carrier<br>運送人渡条件 | グループⅠ | FCA | Free Carrier<br>運送人渡し |
| CPT | Carriage Paid to<br>輸送費込条件 | グループⅠ | CPT | Carriage Paid to<br>輸送費込み |
| CIP | Carriage and Insurance Paid to<br>輸送費・保険料込条件 | グループⅠ | CIP | Carriage and Insurance Paid to<br>輸送費・保険料込み |
| DAT | Delivered at Terminal<br>ターミナル持込渡条件 | グループⅠ | DAP | Delivered at Place<br>仕向地持込渡し |
| DAP | Delivered at Place<br>仕向地持込渡条件 | グループⅠ | 新 DPU | Delivered at Place Unloaded<br>荷卸込持込渡し |
| DDP | Delivered Duty Paid<br>関税込持込渡条件 | グループⅠ | DDP | Delivered Duty Paid<br>関税込持込渡し |
| FAS | Free Alongside Ship<br>船側渡条件 | グループⅡ | FAS | Free Alongside Ship<br>船側渡し |
| FOB | Free on Boar<br>本船渡条件 | グループⅡ | FOB | Free on Board<br>本船渡し |
| CFR | Cost and Freight<br>運賃込条件 | グループⅡ | CFR | Cost and Freight<br>運賃込み |
| CIF | Cost, Insurance and Freight<br>運賃・保険料込条件 | グループⅡ | CIF | Cost, Insurance and Freight<br>運賃・保険料込み |

新は、2020 年版の新しいインコタームズ規則
グループⅠ：いかなる単一または複数の運送手段にも適した規則
グループⅡ：海上および内陸水路運送のための規則

ものです。

### インコタームズの違いで取引額を算出する

課税対象額を算出するときや、貿易収支の額を算出するときなどには「この貿易取引によって発生した取引額はいくらか」を考える必要があります。このようなときには、インコタームズの条件の違いを基準に考えるのが一般的で、その価格を「FOB価格」「CIF価格」などと表現します。通常、貿易収支の計算にはFOB価格を、従価税の課税対象（168頁参照）の場合にはCIF価格が用いられます。

# インコタームズ2020 E類型

## EXW（工場渡条件）

これは、現場渡し系の条件です。売主側の工場で貨物を買主に引き渡すというものです。

買主は、工場で引き渡された貨物を自己の費用で持って帰るわけです。ちょうど、皆さんが海外旅行をしてワイナリーでワインを購入し日本に持ち帰るという状況をイメージされるとよいでしょう。

## 買主にとって費用負担が大きい

もうおわかりでしょう。この条件は、買主（輸入者）にとって費用負担の大きい条件だといえますね。

実は、費用負担だけではありません。売主から工場で貨物を引き渡された後、危険も負担しなければなりません。もっとも、国内取引の場合はともかく、貿易取引でこの条件が使用されるのは稀です。

ＥＸＷの場合、費用負担も危険負担も、工場で引き渡した時点で売主から買主に移転するので、輸出通関手続きは買主が行うことになります。

ここでいう「危険負担」とは、たとえば、海上輸送中に荷物が破壊され使えなくなった場合、買主に危険負担がある場合は買主の支払い義務がそのまま残るということを意味します。

## インコタームズ E類型

### EXW（工場渡条件）

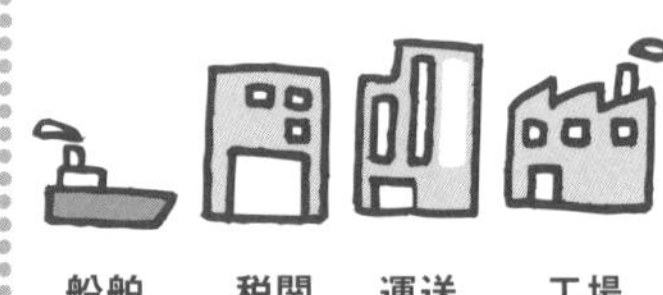

| 工場（引渡し） | 運送人 | 運送ターミナル | 税関 | 船舶 | 船舶 | 税関 | 運送ターミナル | 工場 |
|---|---|---|---|---|---|---|---|---|

危険負担 →

費用負担 →

# インコタームズ2020
# F類型

## FOB(本船渡条件)

F類型のFは、Freeの意味です。つまり、輸出者がある一定地点でFree（費用負担と危険負担から解放されて自由）になることを意味しています。F類型の代表格は、なんといっても**FOB(Free on Board)**です。貿易取引では、多く使われています。

これは、売主（輸出者）は、貨物を本船の船上で引き渡したのちは、その貨物に係る運送費用などの負担や危険負担から解放されるというものです。つまり、輸出貨物が積地の船舶上で引き渡された後は、輸入者が運送費用や海上保険料を負担しなければならないのです。また、危険負担も船舶上で貨物が引き渡された後は、輸入者の責任ということになるわけです。

ところで、船舶上で引き渡された後という表現を致しましたが、インコタームズでは、貨物が「買主によって指定された本船の船上に置かれたとき、または引き渡された貨物を調達したとき」と規定しています。この「調達」とは商品取引における輸送中の転売（いわゆる洋上転売、連続売買）のことをいいます。

## FAS(船側渡条件)
## FCA(運送人渡条件)

F類型には、このほか、在来船用のFAS（Free Alongside Ship：船側渡条件）と、コンテナ輸送や航空輸送用のFCA（Free Carrier：運送人渡条件）があります。

FASは、売主が買主指定の本船の船側に貨物をつけたときに費用負担と危険負担から解放されるという

## インコタームズ F類型

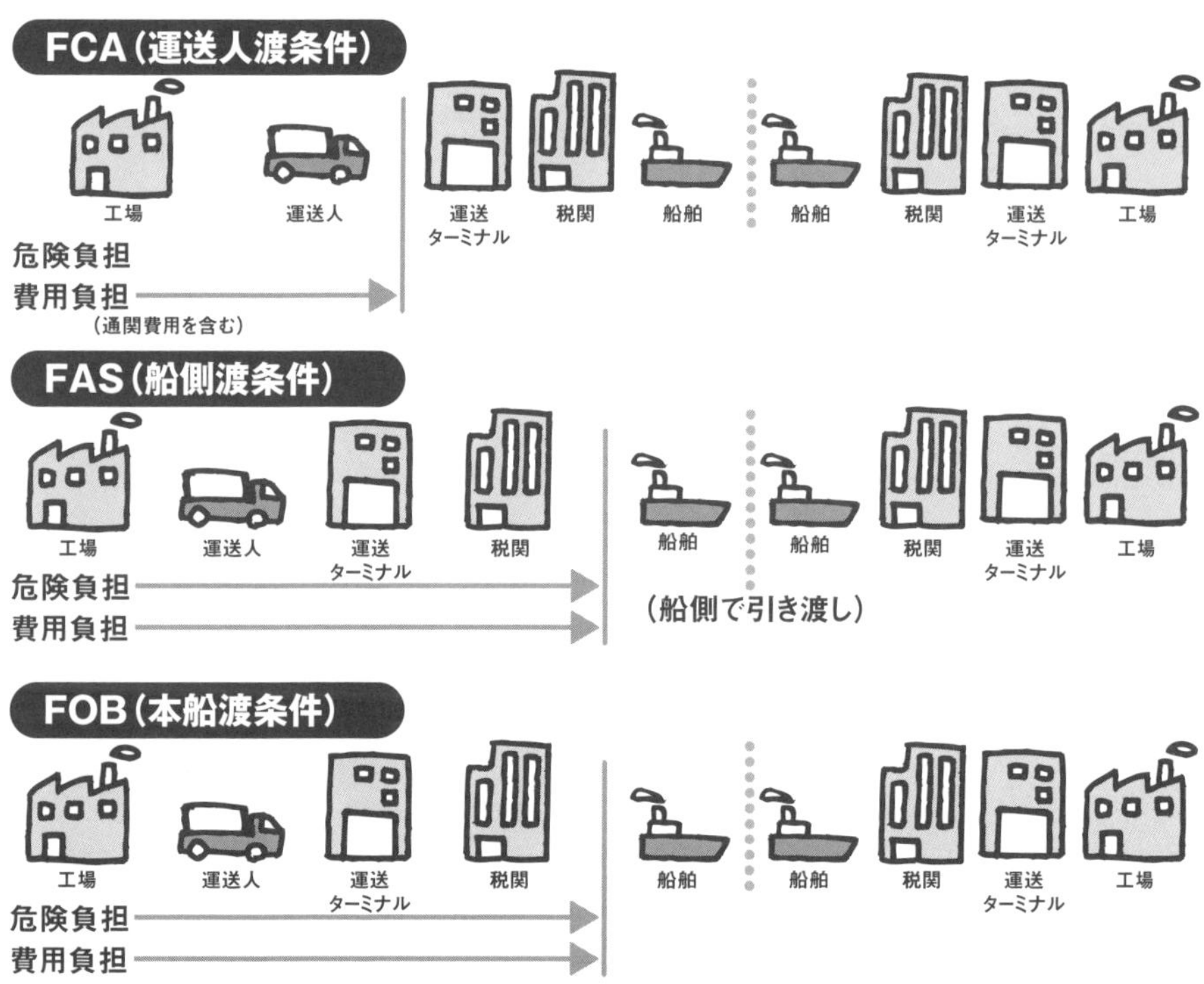


条件です。

FCAは、輸出地における指定場所で買主の指定した運送人に貨物を引き渡し、このときに売主は貨物の危険負担、費用負担から解放されるという条件です。コンテナ輸送の場合には、コンテナをコンテナ・ヤードに搬入し運送人に渡します。このときに売主の費用負担と危険負担は終了します。

FCAで指定場所が売主の施設の場合は、買主によって指名された運送人の輸送手段に積み込まれたときに危険負担・費用負担が移転します。その他の施設の場合は、貨物が売主の輸送手段の上で荷卸しできる状態で、買主によって指名された運送人等の処分にゆだねられたときになります。

# インコタームズ2020 C類型

## ＣＩＦ（運賃・保険料込条件）

ＦＯＢと並んで貿易実務で多く使われているのが**ＣＩＦ**です。

ＣＩＦは、輸入港に貨物を積載した本船が到着するまでの運賃・保険料を売主が負担するという条件です。つまりＦＯＢ価格に、輸入港までの運賃と海上保険料を加算したものが、ＣＩＦ価格になるわけです。

## ＣＦＲ（運賃込条件）

**ＣＦＲ**というのは、売主が輸入地に到着するまでの運賃のみを負担するというものです。売主は、海上保険料は負担しません。海上保険を付保する場合は買主が負担します。

ＣＩＦ、ＣＦＲの場合、危険負担は、ＦＯＢと同様に貨物が売主によって指定された本船の船上に置かれたとき、または引き渡された貨物を調達したときに移転します。

## ＣＰＴ（輸送費込条件）ＣＩＰ（輸送費・保険料込条件）

在来船用のＣＦＲに対応するコンテナ版がＣＰＴ、ＣＩＦに対応するコンテナ版がＣＩＰです。

つまり、ＣＰＴの場合は、輸入地のコンテナ・ヤードに引き渡すまでの運送関連費用を売主が負担します。また、ＣＩＰの場合は、やはり、輸入地のコンテナ・ヤードに引き渡すまでの運送関連費用及び海上保険料を売主が負担します。

また、ＣＰＴの場合もＣＩＰの場合も、輸出地のコンテナーヤードで運送人へ引き渡すことにより、危険負担は売主から買主に移転します。

## インコタームズ C類型

### CFR（C&F、運賃込条件）

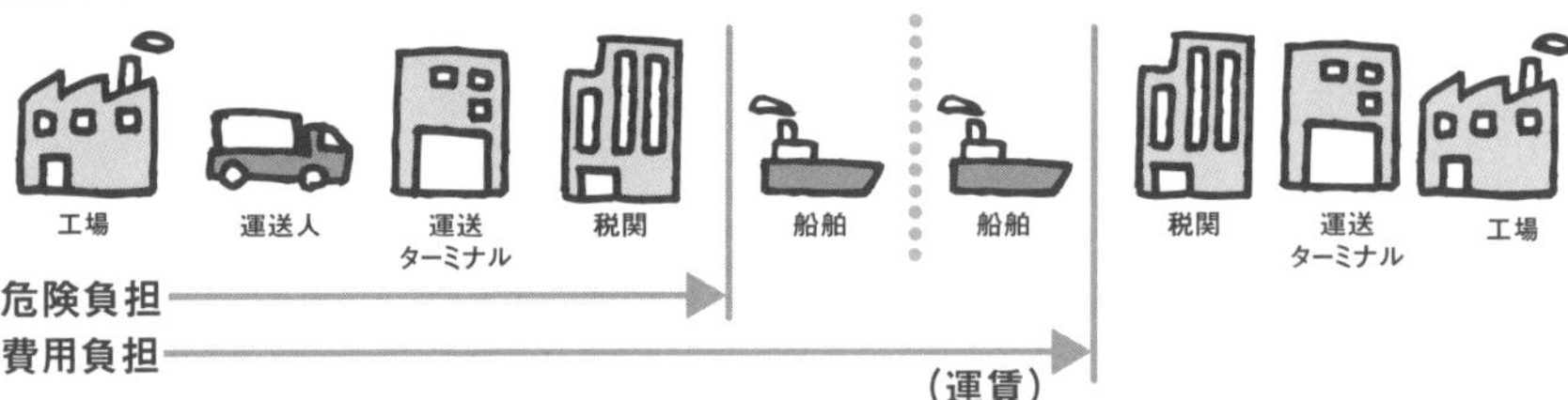


### CIF（運賃・保険料込条件）

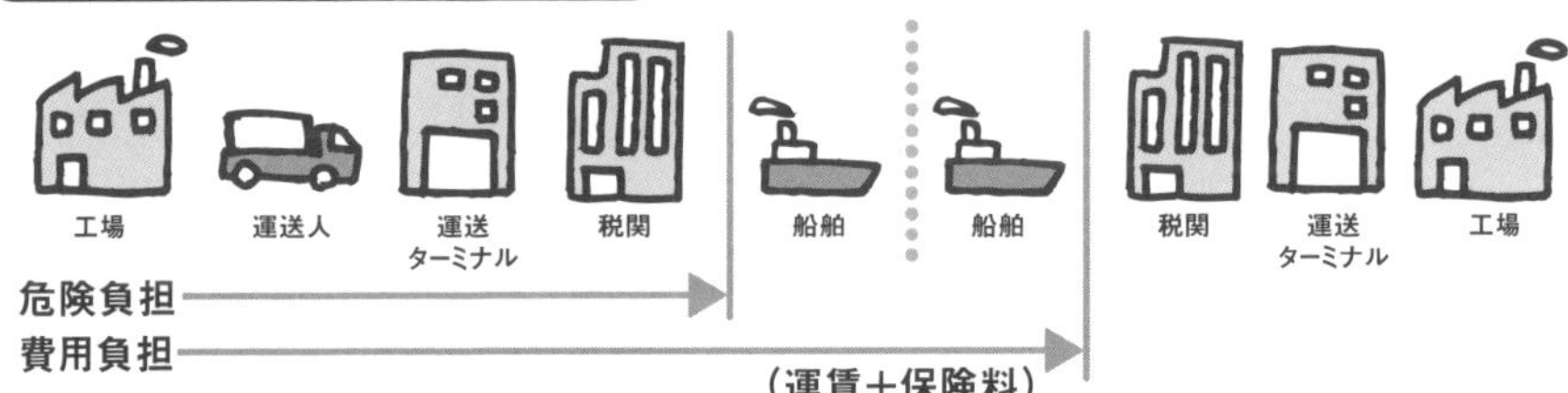


### CPT（輸送費込条件）

### CIP（輸送費・保険料込条件）

# インコタームズ2020 D類型

D条件は売主が買主の指定場所である倉庫などに海外から直接届け引き渡すという条件です。そして、費用負担も買主に引き渡す時点までの費用を売主が負担します。

国際宅急便の発達や、企業のグローバル化により、D条件による輸出入も増えつつあります。

## DAP（仕向地持込渡条件）

指定仕向地において、荷卸しの準備ができている状態（荷卸しされていない状態）のまま、指定地に到着した輸送手段の上で貨物が引き渡されたときに、貨物の危険負担と費用負担が売主から買主に移転する条件がDAPです。指定仕向地までの輸送費は売主が負担しますが、荷卸作業と輸入通関や輸入税の納付は買主が行います。

## DPU（荷卸込持込渡条件）

輸入地の指定仕向地に到着した運送手段から売主により荷卸しされて、物品が買手の処分に委ねられた時に引渡しが完了し、危険負担と費用負担が売主から買主に移転します。この場合、指定仕向地は、2010年版にあったDAT（ターミナル持込渡条件）と異なり、ターミナルに限定されず、いかなる場所（any place）でも良いこととなります。

また、輸入通関や輸入税の納付は、買主が行います。前述のDAPとDPUの大きな違いは荷卸を売主が行うのか（DPU）、買主が行うのか（DAP）にあります

## インコタームズ D類型

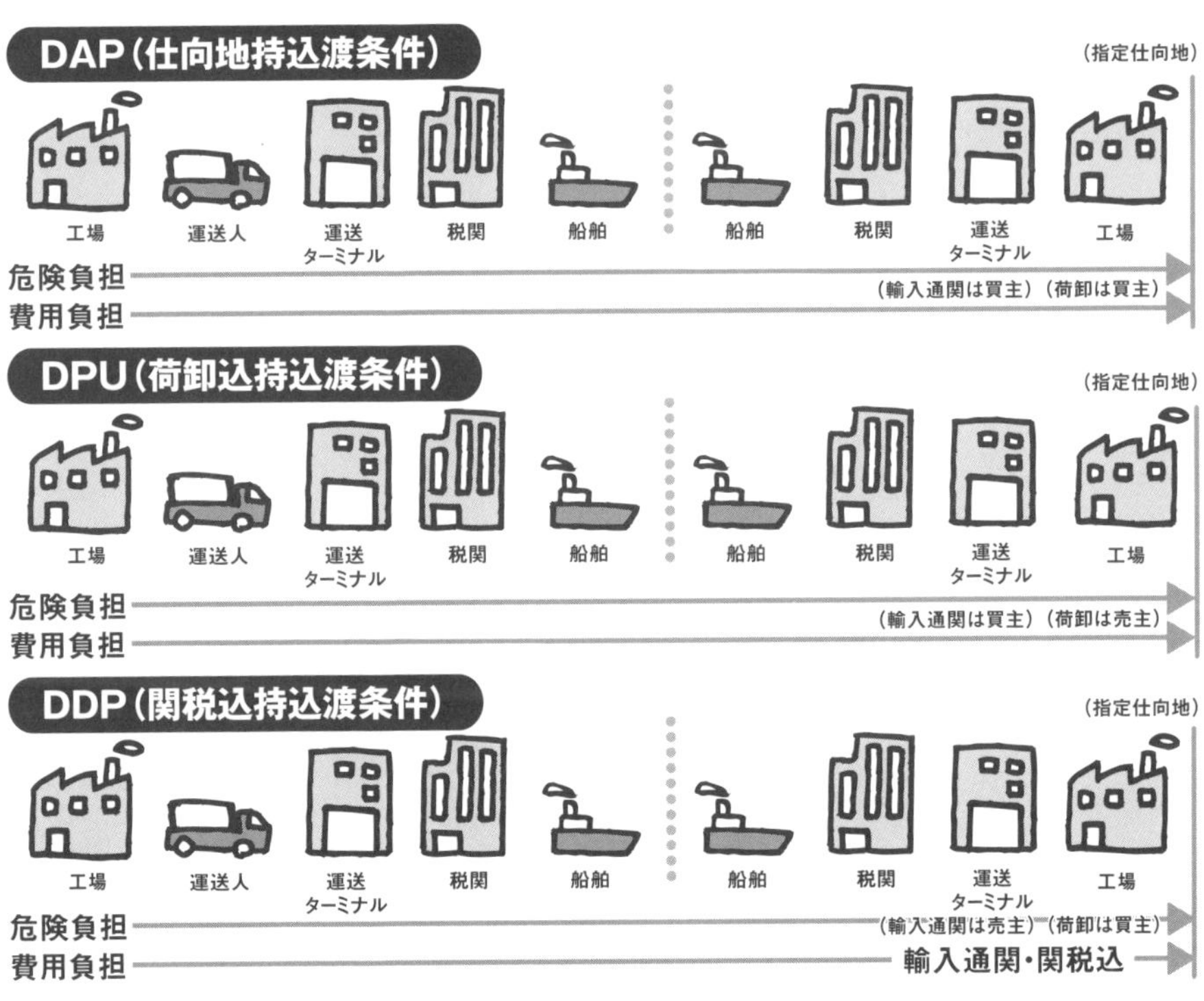


### DDP（関税込持込渡条件）

DDPはDAPと同様に、指定仕向地に到着した輸送手段の上で貨物を引き渡したときに、貨物の危険負担と費用負担が売主から買主に移転する条件ですが、指定仕向地までの輸送費に加えて輸入通関や輸入税の納付も売主が負担する条件です。

また、DAP、DPUの場合、輸入通関、輸入税納税義務が買主にあるのに対し、DDPは売主にあること、また荷卸義務においては、DDPやDAPは買主にありますが、DPUは売主にある点に注意が必要です。

Column

## 「トン」の由来

「トン」という単位の呼び名の由来は、船に積んだ酒樽だという説があります。空の酒樽をたたくとトンという音がします。これが、トンの始まりだというのです。

そして、この酒樽の容積が40立方フィートだったことから、1容積トンは、40立方フィートとされたというのです。また、酒を一杯に入れた重さが2,240ポンド（1,016キログラム）だったので、1重量トンは、2,240ポンドになったというわけです。なるほど、説得力のある話ですね。これが先のヤード・ポンド法に反映され今に生きているというわけですね。

# 第7章

# 貿易取引のリスクと保険

# 貿易取引で登場する保険

## 海上保険

貿易取引で登場する保険には、大きく分けて、**海上保険、貿易保険、ＰＬ保険**があります。

最近は、技術の進歩のおかげで船が難破して貨物が着かないなどということは、ほとんどありませんが、その昔は、大荒海を渡ってモノを運ぶというのは、一種の冒険だったようです。

万が一海難事故が起き貨物が全損した場合、売主か買主など誰かがその損害を負担しなければなりません。このようなときに役立つのが海上保険です。

## 貿易保険

また、異なる国との取引ですから、輸送上の危険とは別に、相手方の国で戦争が始まったり、天変地異が起きたりして、輸送不能になる可能性もあります。相手方の会社が倒産する、ということもあり得ます。これらの危険に対して役立つのが貿易保険です。

## ＰＬ保険

これらとは別に、製造物責任法（ＰＬ法）に基づき、製品の欠陥に関して損害賠償を支払わなければならないというリスクも考えられます。そのための保険がＰＬ保険です。

それぞれについて見ていく前に、次項では、この保険契約で取り決める必要のあるいくつかのポイントについて確認していきます。

## 貿易取引上のリスク

海上輸送中のリスク
海上保険
ぼくの荷物がー!!
うちの子がケガしちゃったのよどうしてくれるの!!
製造物責任（PL法）によるリスク
PL保険
大丈夫ですよー
カネハモラッタアバヨ!
信用上のリスク
貿易保険
戦争が始まったからこの先通れないよ
非常時のリスク

# 保険付保のポイント

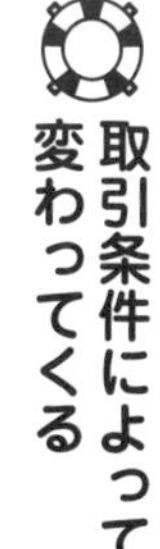

## 取引条件によって変わってくる

貿易取引上で登場する保険を付保する際には、その性格上いくつかのポイントがあります。ここで「**付保**」とは、「保険契約を締結すること」です。

付保のためのポイントは、次のとおりです。

1. 保険期間（Duration of Coverage）
2. 保険契約者（Applicant）
3. 保険条件（Conditions of Insurance）
4. 保険金額（Insured Amount）
5. 被保険者（Assured）

これらは、どのような取引条件で契約したかにより異なってきます。

## 保険契約者と被保険者

**保険契約者**とは、保険者（保険会社）と保険契約を締結した人のことです。

また、**被保険者**とは、文字どおり保険をかけられている人で、事故が起こったとき、保険金が支払われる人と考えてよいでしょう。

## 保険期間

**保険期間**とは、保険契約によって発生する被保険者への補償の期間のことです。貿易取引の場合、荷物の引渡しというアクションを伴いますから、保険期間の取り決めはとても重要です。

## 保険付保のポイント

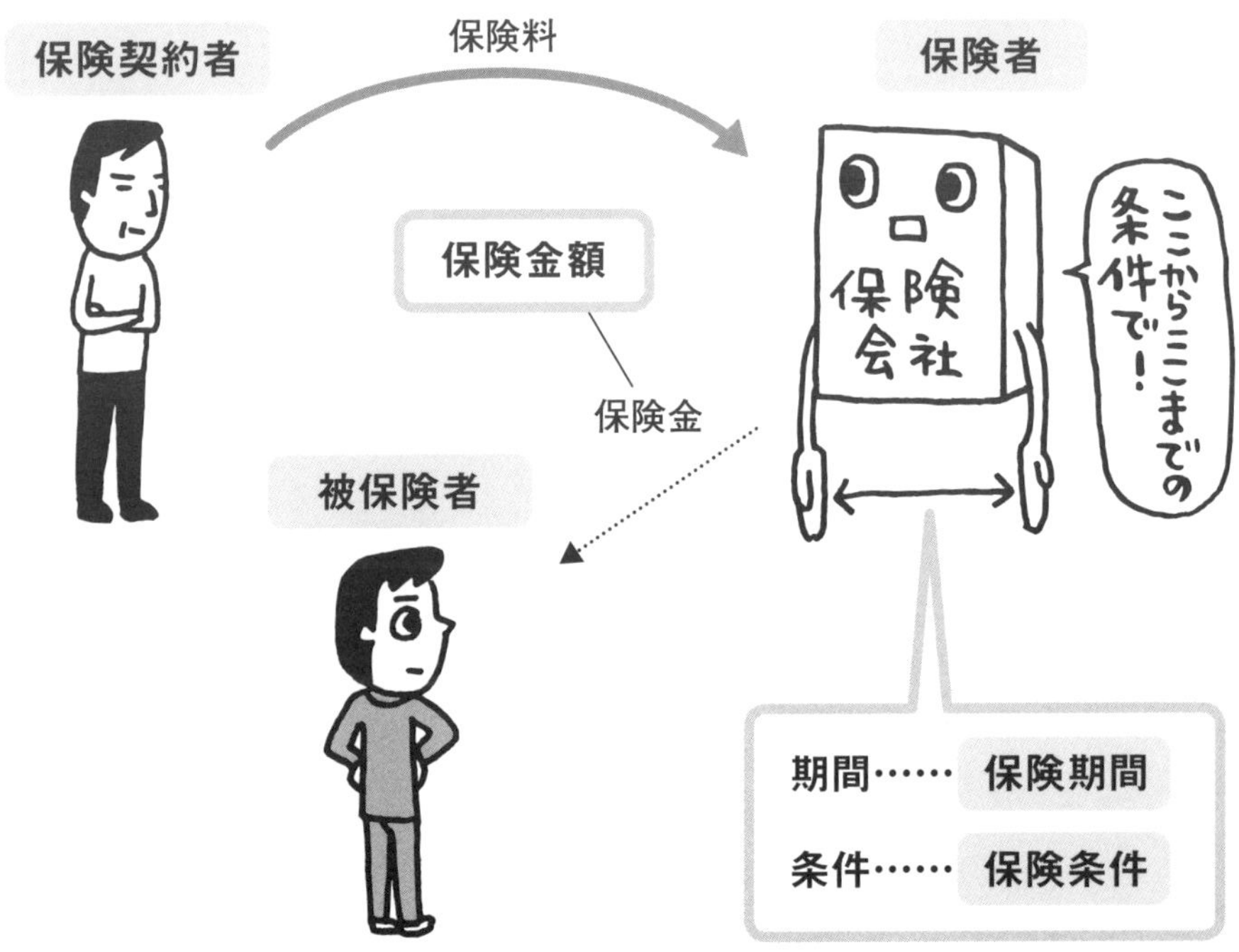


### 保険条件

まず、保険者の「こういうリスクが生じたときに補償しますよ」という範囲のことを**担保危険**といいます。保険条件はこの担保する危険をどの範囲までと設定するかを取り決めたものです。

### 保険金額

そして、**保険金額**はこの範囲で生じた損害に対し、保険者はいくら払うかという金額のことです。

# 貨物海上保険とは

## 海上輸送のリスクを補償する

運送途上や貨物の保管中に生じる損害を補償するための保険が**海上保険**です。

海上保険には、貨物保険と船舶保険があります。このうち、貨物保険には、**貨物海上保険**と運送保険があります。運送保険は、陸上輸送中の貨物の損害を補償する保険です。そして、海上輸送中の貨物の損害を補償するのが、貨物海上保険です。

## 外航貨物海上保険

貨物海上保険には、外航貨物海上保険と内航貨物海上保険があります。

外航貨物海上保険は、日本と外国の間を往来する貨物が対象です。内航貨物海上保険は、国内の輸送貨物が対象の保険です。

ここでは、輸出貨物の損害を填補する外航貨物海上保険について説明していきます。

## 保険契約者は？

たとえばFOBの場合、付保義務は、買主である輸入者にあります。また、CIFの場合は、逆に売主である輸出者に付保義務があります。このように、契約した貿易条件により付保義務者つまり保険契約者が決定されます。

## FOB、CFRの際の保険期間は

保険期間についても同様です。

## 海上保険の種類

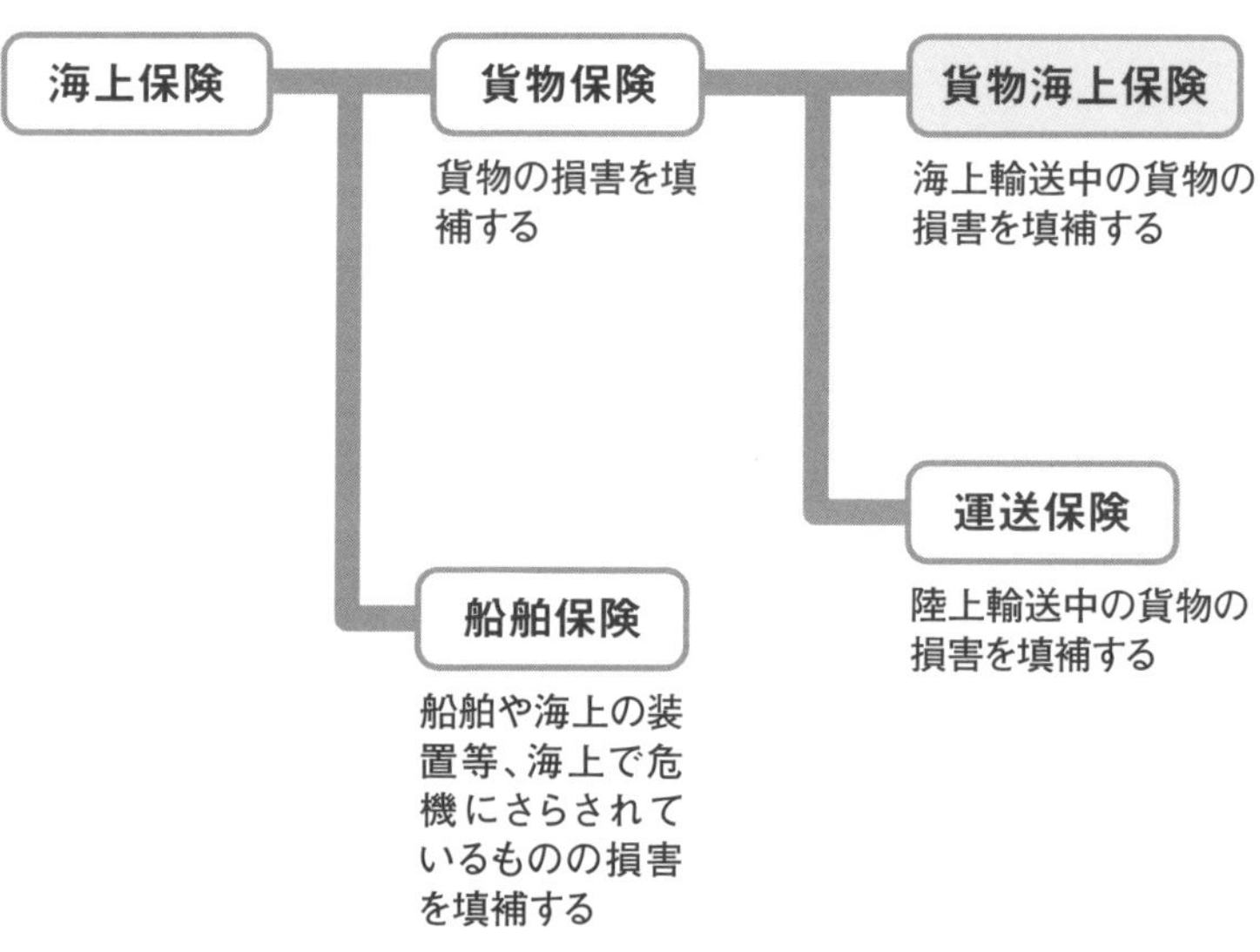

## 保険契約者は?

**FOBの場合**

輸出者

ここから先はあなたに費用負担義務があるんだよね

納得

輸入者

付保義務有

**CIFの場合**

納得

ここまで払ってくれるんだよね

付保義務有

FOBやCFRの場合には、「輸出港（積地港）での本船積込みのときから輸入地（仕向地）の最終保管場所に搬入されるまで」が担保されます。

すなわち、保険の始期は、輸出港（積地港）で貨物が積み込まれた時点（正確に言うと本船の船上に置かれた時点）からということになります。また、終期は、輸入地（仕向地）の最終保管場所に搬入されるまでです。

ただし、本船からの荷揚げが完了してから60日（航空貨物の場合は、30日）経過するまでと、最終保管場所に搬入されるまでのいずれか早い日までという制限があります。

## 積み込まれる前に壊れたときは？

FOBやCFRの場合の保険の始期は、輸出港における本船に貨物が積み込まれたときなので、「輸出地の倉庫から搬出された時点」から「本船に積み込まれる時点」までは、輸入者は危険を負担しません。保険会社は、保険を引き受ける際、保険の始期が本船上で貨物を受け取った時点からであることを明確にするため「FOB Attachment Clause」を添付します。

この間の危険負担は、輸出者にあります。そこで、この間の危険を補填するために輸出者は、**輸出FOB保険**を付保するのです。

## CIFの際の保険期間

一方、CIFで契約した場合には、保険証券記載の仕出地の倉庫から搬出した時点が保険の始期です。終期は、FOB条件の場合と同じです。

## 保険条件を決める

貨物海上保険は、沈没や座礁、大火事、荒天による潮濡れなどの海上危険と、戦争、ストライキ危険が担保の対象になりますが、担保の範囲を保険契約の際に定めます。信用状決済を行う場合には、信用状条件の通りの保険契約を行っていないとディスクレとなり、トラブルの原因になってしまいます。

貨物自体の損害の種類には、**全損**と**分損**があります。貨物の全部に損害をこうむった場合を全損、一部分に損傷が発生した場合を分損といいます。

## 保険期間は?

**FOB、CFRの場合**

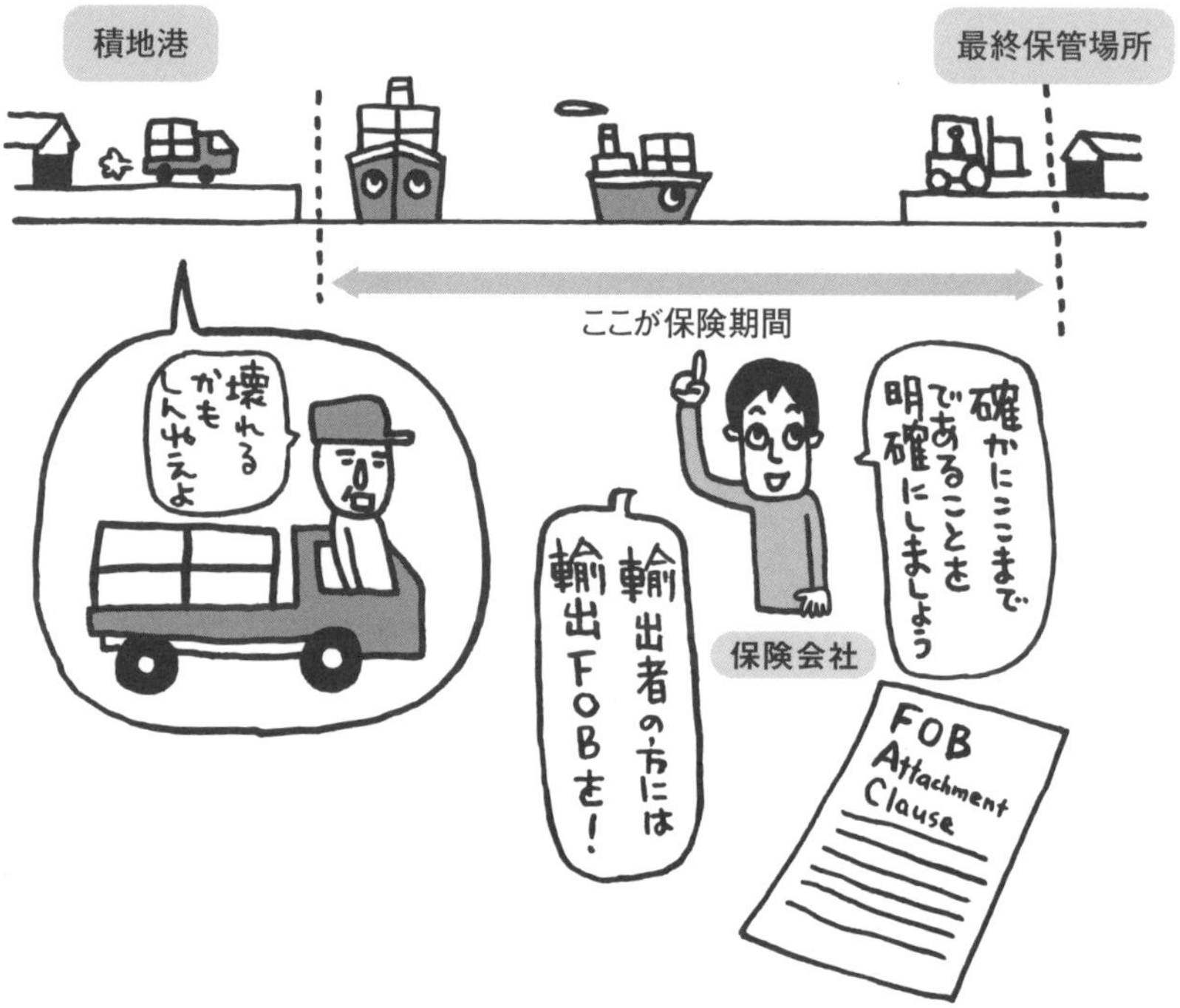

積地港

最終保管場所

ここが保険期間

壊れるかもしんねぇよ

確かにここまでであることを明確にしましょう

保険会社

輸出者の方には輸出FOBを!

FOB Attachment Clause

**CIFの場合**

# 保険約款とは

## 2つの代表的な約款

保険約款とは、保険の填補範囲を取り決めて示したものですが、貿易は世界を舞台にしますので、ローカルルールではうまくいきません。そこで、ロンドン保険業者協会が定めた**協会貨物約款**（旧ICC）と**新協会貨物約款**（新ICC）という2つの約款が、英文保険証書を取り扱う取引ではよく用いられています。

わが国の場合、特別の要求がない限り旧約款が使用されています。

## 協会貨物約款(旧約款)の填補範囲

協会貨物約款（旧約款）には、損害の填補範囲により次のような種類のものが定められています。

①A／R（オールリスクス）
②WA
③FPA
④戦争・ストライキ特約

これらの中で、一番填補される範囲が大きいのは、A／R（オールリスクス）です。海上運送により生じる可能性のある損害をほとんどカバーしており、ほとんどの貨物取引はこれで運用されています。

しかし、戦争・暴動・ストライキによる損害は、カバーしていません。これらについては、別途特約条項をつける必要があります。

## 新協会貨物約款(新約款)の填補範囲

一方、新約款ですが、これには次のようなものがあります。

## 海上保険の填補範囲（旧約款）

<table>
<tr><th colspan="4">損害の種類</th><th>填補範囲の内容</th><th colspan="3">保険条件</th></tr>
<tr><td colspan="4">費用損害</td><td>・損害防止費用<br>・その他の特別費用（避難港などでの避難、保管、積替え、継搬などの費用）<br>・救助料、付帯費用（サーベイ費用等）</td><td rowspan="4">FPA（分損不担保）</td><td rowspan="6">WA（分損担保）</td><td rowspan="7">A／R（全危険担保）</td></tr>
<tr><td rowspan="4">物的損害</td><td colspan="3">共同海損</td><td>・共同海損犠牲損害<br>・共同海損費用<br>・共同海損分担額</td></tr>
<tr><td rowspan="3">単独海損</td><td colspan="2">全　損</td><td>・現実全損<br>・推定全損<br>・積込み、積替え、荷卸中の梱包1個ごとの全損</td></tr>
<tr><td rowspan="2">分損</td><td>特定分損</td><td>・沈没・座礁・大火災による損害（S.S.B.）<br>・衝突（C.）、火災、爆発<br>・避難港における荷卸しに起因する損害</td></tr>
<tr><td>その他の分損</td><td>・特定分損以外の分損（潮濡れ、高潮・津波・洪水による濡れ損、流失損、その他荒天による分損）</td><td></td></tr>
<tr><td colspan="4" rowspan="2">各種の付加危険</td><td>・個別追加可能（盗難、破損、淡水濡れ、不着等）<br>・控除免責歩合の取決め（メモランダム条項EXCESS 方式の場合）</td><td></td></tr>
<tr><td>・各種付加危険一括担保（免責歩合なし）</td><td></td><td></td></tr>
<tr><td colspan="4">不担保損害</td><td>以下に起因する貨物の滅失・損傷、費用的損害<br>・航海の遅延　・自然消耗<br>・梱包不良　・放射能汚染<br>・貨物固有の欠陥もしくは性質</td><td colspan="3">全条件免責</td></tr>
</table>

①ＩＣＣ（Ａ）
②ＩＣＣ（Ｂ）
③ＩＣＣ（Ｃ）

ＩＣＣ（Ａ）は旧約款でいえばＡ／Ｒにほぼ該当します。ＩＣＣ（Ｂ）はＷＡに、ＩＣＣ（Ｃ）はＦＰＡにほぼ該当します。

これらの約款をもとに保険契約を締結しますが、実際には、保険契約をするときには、まだ船名などが不明な場合もあります。このような場合には、とりあえず**予定保険**を締結しておき、不明な点がわかった時点で**確定保険**に切り替える形をとります。保険料は確定保険に切り替えたときに支払います。

# 貿易保険とは

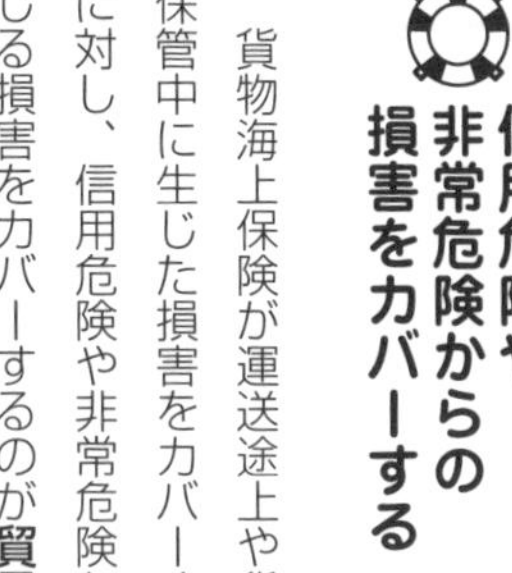

## 信用危険や非常危険からの損害をカバーする

貨物海上保険が運送途上や貨物の保管中に生じた損害をカバーするのに対し、信用危険や非常危険から生じる損害をカバーするのが**貿易保険**です。

## 信用危険とは

**信用危険**というのは、取引先自身のリスクを指します。たとえば、取引先が倒産し、代金回収が不能になったとか、一方的に相手方が契約を破棄するといったリスクを指します。

## 非常危険とは

また、**非常危険**とは、相手方には責任がない不可抗力の事由で起こる輸出不能や代金回収不能危険のことです。相手方には責任がない事由といいましたが、これには、戦争や内乱によって輸出ができなくなった場合や、相手国の政府が輸出禁止令を出すような場合が考えられます。これらのカントリー・リスクによって契約の履行ができなくなった場合が非常危険です。

## 貿易一般保険

貿易保険には、左頁の表のような種類の保険があります。中でも代表的なのが**貿易一般保険**です。これは、非常危険や信用危険による貨物の輸出不能や代金回収不能、運賃や保険料の増加危険をカバーする保険です。

## 信用危険と非常危険

**信用危険**

**非常危険**

## 貿易保険の種類

| 保険名 | 内容 |
|---|---|
| 貿易一般保険 | 非常危険や信用危険による貨物の船積から代金回収不能、運賃や保険料の増加危険をカバーする。 |
| 知的財産権等ライセンス保険（知財保険） | 非常危険や信用危険によりロイヤリティーなどが回収不能になった場合、その損失をカバーする。 |
| 貿易代金貸付保険 | 外国の企業と日本の金融機関間で行われる融資金が非常危険や信用危険により回収不能になった場合、その損失をカバーする。 |
| 限度額設定型貿易保険（製造業用） | 通称「メーカー保険」と呼ばれているもので、製造業者が行う輸出などに付保される。非常危険や信用危険により貨物の船積み不能および代金回収不能になった場合、その損失をカバーする。 |
| 中小企業・農林水産業輸出代金保険 | 非常危険や信用危険により中小企業の行った輸出代金の回収不能になった場合の損失をカバーする。 |
| 輸出手形保険 | たとえば、信用状を伴わない荷為替手形を外国為替銀行が買取り非常危険や信用危険により不渡りになった場合に買取銀行の損害をカバーする。 |
| 前払輸入保険 | 非常危険や信用危険により前払いした輸入貨物代金の回収不能による損失をカバーする。 |
| 海外投資保険 | たとえば、日本の企業が海外で出資などの投資を行った場合、投資先国で発生した戦争などの非常危険により損失を被った場合、その損失をカバーする。 |
| 海外事業資金貸付保険 | 銀行などが海外に長期事業資金を融資していた場合で、非常危険や信用危険により融資金の回収不能による損失をカバーする。 |

# PL保険とは

## PL法によるリスクを軽減する

　輸入製品の欠陥によって使用者が怪我をしたという場合、製造物責任法（PL法）に基づき輸入者が損害賠償をしなければならないことがあります。また、逆に輸出品の欠陥による海外での損害について、輸入者が支払った損害賠償を求償されたり、国によっては輸出者にも民事責任がおよぶことがあります。

　このようなリスクを軽減させるのが、**PL保険**（生産物賠償責任保険）です。

## 輸入向けの国内PL保険

　1995年に施行された製造物責任法（PL法）では、製造物に欠陥があったため損害が発生した場合には、輸入者や製造者に過失がなくても損害賠償責任が発生するという、無過失責任の制度を導入しています。

　このため、万が一損害賠償責任が発生した場合に備え、「**国内PL保険**」が民間保険会社から発売されています。

　保険金の支払い対象は、被害者への損害賠償金のほか、弁護士費用などの争訟費用、求償権の保全や行使のために要した費用、被害者の護送など緊急に要した費用などです。

　ただし、故意や重大な過失による法令違反など一定の事項に該当したときには、保険金は支払われません。

## 輸出向けの輸出PL保険

　日本から輸出された製品によって他人を負傷させたり、他人の財産を

## PL保険

**国内PL保険**

輸入した製品により消費者が損害を被った場合、輸入者に過失がなくても賠償請求されることがある。これを補償する

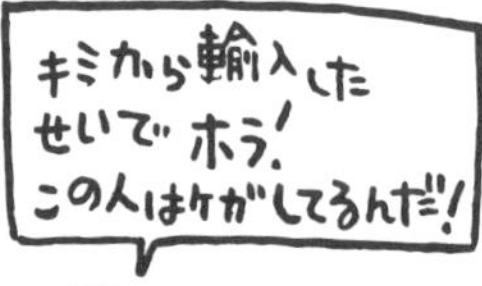

**輸出PL保険**

輸出した製品によって消費者が負傷したような場合、賠償請求などのリスクを補償する

損壊させ、損害賠償請求された場合、その損害賠償金、訴訟費用、弁護士費用、身体損害の応急処置の費用などがカバーされます。

　また、被保険者（輸出者）に対する訴訟で、その訴訟が根拠のないものに基づいて行われた場合でも、保険会社の費用で被保険者のためにクレーム・エージェント、弁護士、技術者などを駆使して保護してくれます。

　輸出PL保険では、通常、国内の保険会社と契約します。しかし、自国保険主義（自国――この場合、輸入国――の保険会社と付保しなければならないという主義）を採用している国への輸出には、仕向国の保険会社と契約を結ぶ必要があります。

　日本の保険会社が引き受ける輸出PL保険は、米国の保険会社が採用しているISOの英文損害賠償約款の条件に準拠しています。

Column

## 海上保険の歴史①

時代は、古代ギリシャ・ローマ時代です。この時代、貿易業者たちは、大富豪である資本家から貿易のための資金を借受けていました。この借受けの条件は、無事航海が成功したら元本と利息を資本家に返済し、もし、航海が失敗したら資金の返済は免除されるというものでした。このしくみを「冒険貸借」といいます。

この「冒険貸借」は、13世紀まで地中海を中心に行われていたそうです。しかし、ローマ法王グレゴリオ9世は、利息を徴収することは、キリスト教の教えに反する行為であるとして利息徴収禁止令を出し、これにより「冒険貸借」制度は、なくなってしまったのです。

資本家たちがこれにかわる新しい制度として、「仮装売買契約」というしくみを作りました。これは、まず、資本家が貿易業者から商品を購入したように見せかけた契約をします。そして、もし航海が失敗したら、資本家は貿易業者へ商品の代金を支払い、航海が成功したら商品代金の支払いは免除されるというものです。

# 第8章

# 輸出実務の流れ

# 在来船による輸出①
## 各種手続きの依頼

### ブッキング

ここでは、実際に貨物が船積みされるまでの流れを見ていきます。

①輸出者は、まず、船会社または、海貨業者に依頼して**ブッキング（船腹予約）**します。通常は、電話で予約します。

ブッキングは、配船表を参照し輸出貨物に適した船舶を選びます。

電話予約後、船会社の船腹予約書（Space Booking Note）でブッキングした内容を確認します。

### 通関手続きと船積手続の依頼

②輸出者は、海貨業者に輸出通関手続と船積手続の依頼を行います。

このときに使用するのが、**船積依頼書**すなわちシッピング・インストラクションズ（S／I）です。

③海貨業者は、S／Iに基づいて船積みに必要な書類作成などの手続きを行います。つまり、すべての流れがS／Iから始まるといえるのです。船荷証券（B／L）の内容にもS／Iの内容が反映されます。

信用状取引の場合、B／Lは、信用状条件と合致したものでなければなりません。不一致であった場合、銀行は、荷為替手形を買い取りません。

S／Iに記述違いがあると信用状条件と異なるB／Lが発行されてしまいディスクレが生じます。したがって、S／Iは大変重要な書類なのです。

## 在来船による輸出手続きの流れ①

**1** ブッキング（船腹予約）

**2** 海貨業者に、通関手続、船積手続の依頼

**3** 船積依頼書（S／I）

SHIPPING INSTRUCTIONS

Date November 15, 20XX

To

From

Invoice No.

L/C No.
The Latest Shipping Date
Expiry Date

Consignee

Notify Party

Shipping Company

Booking No. Date

Carrier

Freight @
Prepaid
Freight Prepaid as Arranged
Collect

Port of Loading Date

Via

Port of Discharge ETA

Loose Container CY/CY CY/CFS CFS/CY CFS/CFS

Marks & Nos. No. of pkgs Description of Goods M3 Gross Weight

Vanning Place

Cargo Delivered
On
To
By

| Documents Attached | Org | Copy | Documents Required | Org | Copy |
|---|---|---|---|---|---|
| E/L No. | | | Bill of Lading | | |
| Invoice | | | Measurement and Weight List | | |
| Packing List | | | Certificate of Inspection | | |
| Others | | | | | |

# 在来船による輸出②
## 船積申込み〜輸出申告

### 船積申込み

④海貨業者は、S／Iに基づいて**船積申込書(Shipping Application：S／A)**を作成し、船会社に**船積申込み**を行います。

また、輸出許可を受けた貨物は検数業者による貨物の検数を受けます。ここでは、貨物の種類、荷姿（にすがた）、状態、荷印、個数などが船積書類と一致しているかを確認します。また、必要があれば検量業者が貨物の容積や重量を測ります。これにより、運賃の正確な計算、スペース不足による取り残しの防止、パッキングリストの正確性を裏付けることができます。また、契約重量が船積時の重量である場合には、容積重量証明書を発行してもらいます。

### 輸出許可の取得

⑤海貨業者は、税関に輸出申告を行い輸出許可を取得します。税関長の許可を受けている海貨業者であれば、輸出者に代わって輸出申告を行うことができます。

輸出申告は、輸出入・港湾関連情報処理センター株式会社の情報処理システムである**NACCS（ナックス）**を使用して行うのが通常です。通関業者には、NACCSの端末が設置されています。この端末に輸出申告内容を打ち込むとセンターのコンピューターを介して税関に送信されます。税関は、内容を審査し端末を使って輸出許可を行い、輸出許可書（E／P）を発行します。

## 在来船による輸出手続きの流れ②

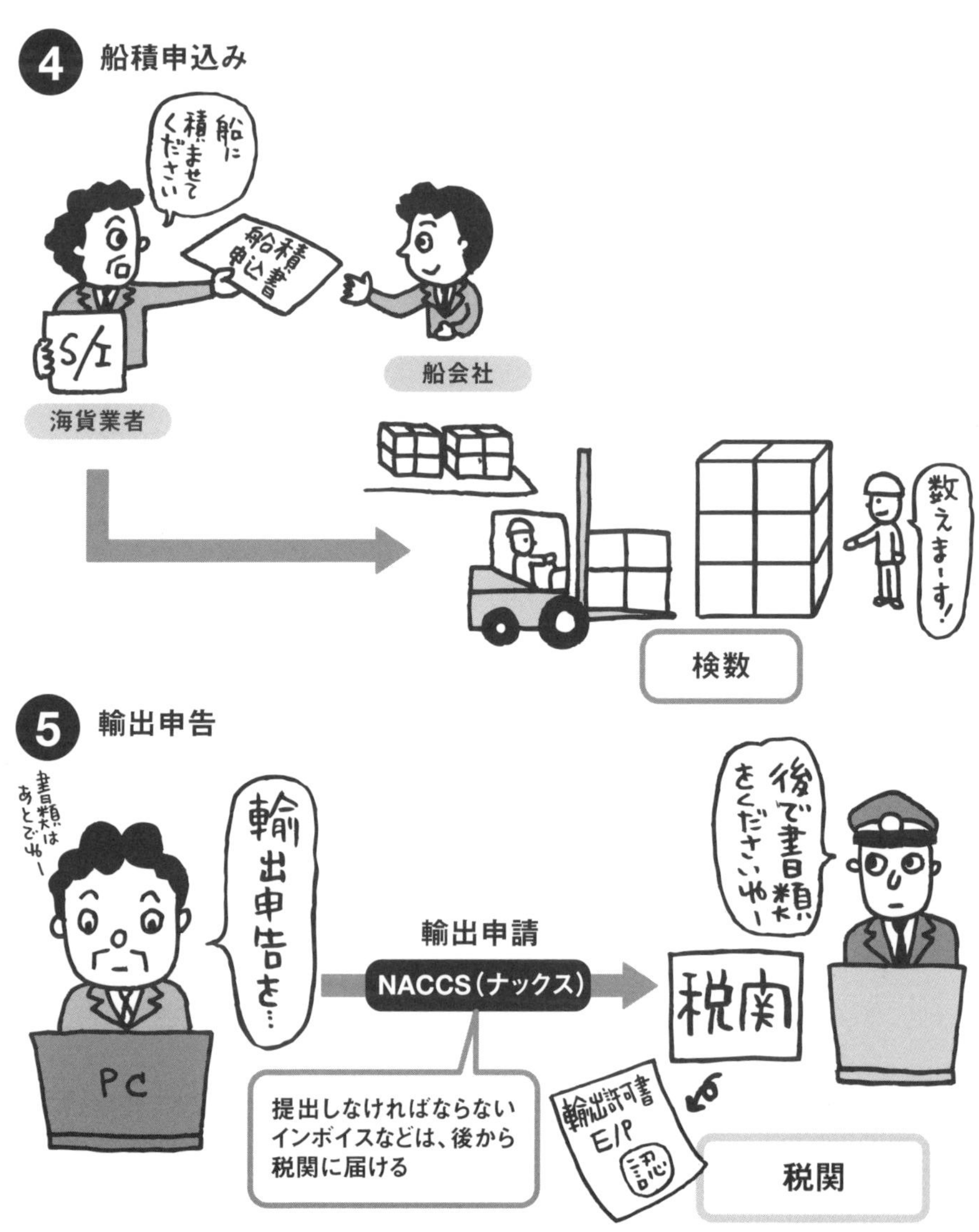

# 在来船による輸出③
## 許可後～船積み

### 船積指図書の受領

⑥税関長の輸出許可を受けた後、海貨業者は、船会社より**船積指図書（シッピング・オーダー：S／O）**および署名なしの**本船貨物受取書（メイツ・レシート：M／R）**を受領します。このS／Oは、船会社から本船の船長あての、貨物を船積みする指示書です。

### 船積み

⑦海貨業者は、保税地域から輸出許可された貨物を搬出し、S／O、E／Pおよび署名なしのM／Rと共に貨物を船会社に引き渡します。

⑧船会社から依頼を受けた船積代理店（Shipping Agent）が船積みを一貫して行います。また、船積み後は、船内荷役事業の免許を有する船内荷役業者が行います。

### 自家積みと総積み

在来船への船積みでは、大口貨物の場合と小口貨物の場合とで、その方法が異なります。大口貨物の場合には、自家積み、小口貨物の場合には、総積みによります。

**自家積み**というのは、荷主の責任で貨物を本船の船側まで持っていき引き渡すという方法です。代表的なのは、「はしけ」という小型船により貨物を本船まで運び、海側から貨物を積み込む方法です。「はしけ」にはエンジンがなく、曳船によって移動します。「はしけ」は、艀と書くのですが、海に浮かぶエンジンの

## 船積みの種類

**自家積み（大口貨物の場合）**

**荷主の責任で船側まで運ぶ**

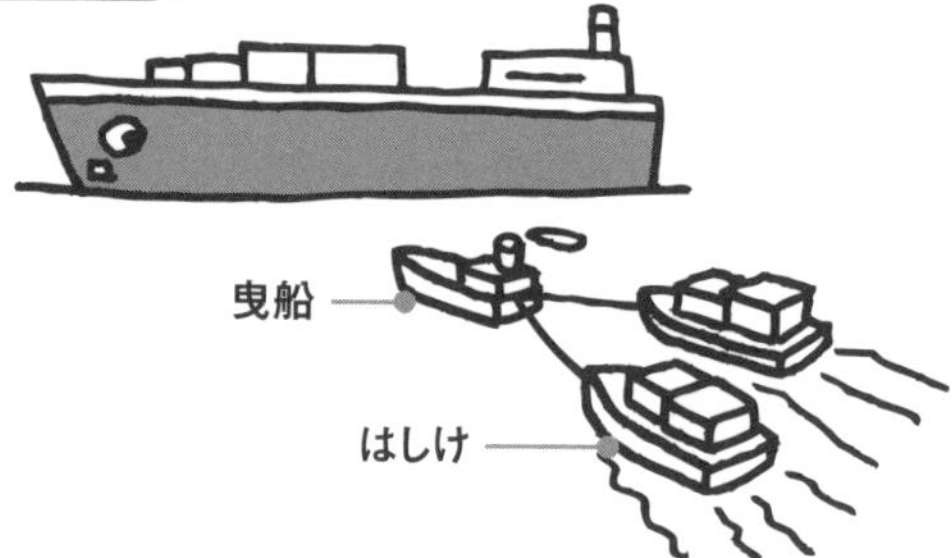


**総積み（小口貨物の場合）**

**ここで荷主が引き渡し、荷物は他の貨物と一緒にまとめられ本船に持ち込まれる**

ない小さな船という意味なのでしょう。

もっとも、「はしけ」は、エンジン部分がない代わりに多くの貨物を積載できます。また、数隻の「はしけ」を曳船が曳き貨物を運ぶこともあります。

また自家積みには、GO DOWNといって、沿岸の船側まで荷主の責任で貨物を持ってきて、デリックというクレーンで積み込むという方法もあります。

一方、**総積み**というのは、船会社が指定した上屋（うわや）まで貨物を荷主が持ち込み引き渡す方法です。引き渡された貨物は、他の貨物と共にまとめられ本船に持ち込まれます。

# 在来船による輸出④
## 貨物のチェック〜船積み完了

### 貨物のチェックとリマーク

⑨本船側と荷主側の検数人が立ち会って貨物をチェックします。ここで問題がない場合には、本船側の検数人が、S／O、M／Rを一等航海士に渡します。万が一、搬入した貨物にキズ（瑕疵）があった場合には、M／Rにその旨を記載します。これをリマークと呼んでいます。**リマーク**が付いたM／Rも同様に一等航海士に渡されます。

⑩一等航海士は、M／Rにサインし検数人に返却します。

### 船積み確認

⑪検数人は、返却されたM／RとE／Pを税関に提出し、船積み確認を受けます。

⑫船積み確認を受けた後、検数人は、海貨業者にM／RとE／Pを返却します。

⑬海貨業者は、返却されたM／Rを船会社に提出します。

⑭船会社は、M／Rと引き換えにB／Lを海貨業者に交付します。なお、CIF条件やCFR条件の場合には、運賃を支払います。

　また、リマーク付のM／Rの場合は、B／Lにもリマークがつけられます。

⑮海貨業者は、B／LとE／Pを輸出者に渡します。

　これで、無事貨物の船積みは終了です。後は、輸出者は、輸入者に船積通知（Shipping Advice）を発行します。

## 貨物のチェック〜船積み完了

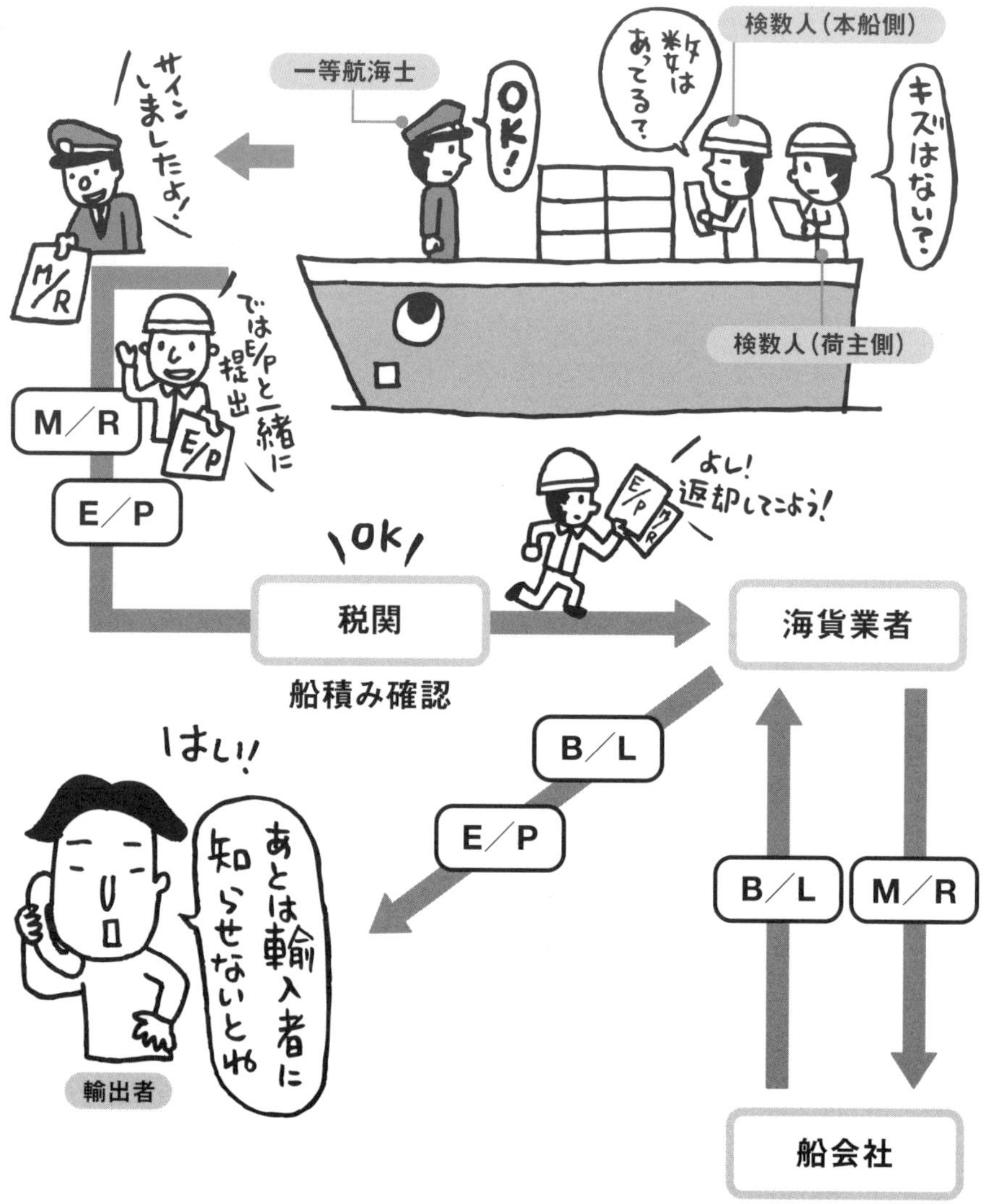

一等航海士

OK!

検数人（本船側）

数はあってるで

キズはないで

検数人（荷主側）

サインしましたよ!

M/R

ではE/Pと一緒に提出

M/R

E/P

OK

税関

船積み確認

よし!返却してこよう!

海貨業者

B/L

E/P

B/L

M/R

船会社

はい!

あとは輸入者に知らせないとね

輸出者

# コンテナ船による輸出

## 安全で確実

　コンテナを利用した輸送は、ドア・ツー・ドアで輸入者まで一貫した輸送で行うことが可能なのが魅力です。この一貫した輸送というのが大事なところです。これは、コンテナ輸送を飛躍的に増加させた国際複合一貫運送システムのことです。このシステムは、コンテナ船に載せたコンテナを到着港でトラックや鉄道にコンテナのまま載せ替え目的地まで運ぶというものです。

　一貫した輸送ですから、通常は、輸送途上でコンテナを開くことはありません。ですから、安全性や確実性が確保されます。また、コンテナを使用することから在来船の場合と比べ荷役費用や梱包費用も軽減されます。そのほか、貨物がコンテナという容器に守られていますから損傷などの発生度合いも低いといったメリットもあります。

　もちろん船会社側にも多くのメリットがあります。何よりも機械化、省力化、効率化が図れます。

## コンテナ

　このコンテナ輸送のしくみを後押しする国の政策もあります。

　一荷主の貨物でコンテナをいっぱいにできる大口貨物を**FCL貨物**といいます。このFCL貨物は通常、輸出者の倉庫や工場で貨物が積み込まれます。これがバンニングです。バンニングされたコンテナはCY（コンテナ・ヤード）に運び込まれます。そして、輸出許可後、コンテナ船に積み込まれます。

## コンテナ船に積み込まれるまで

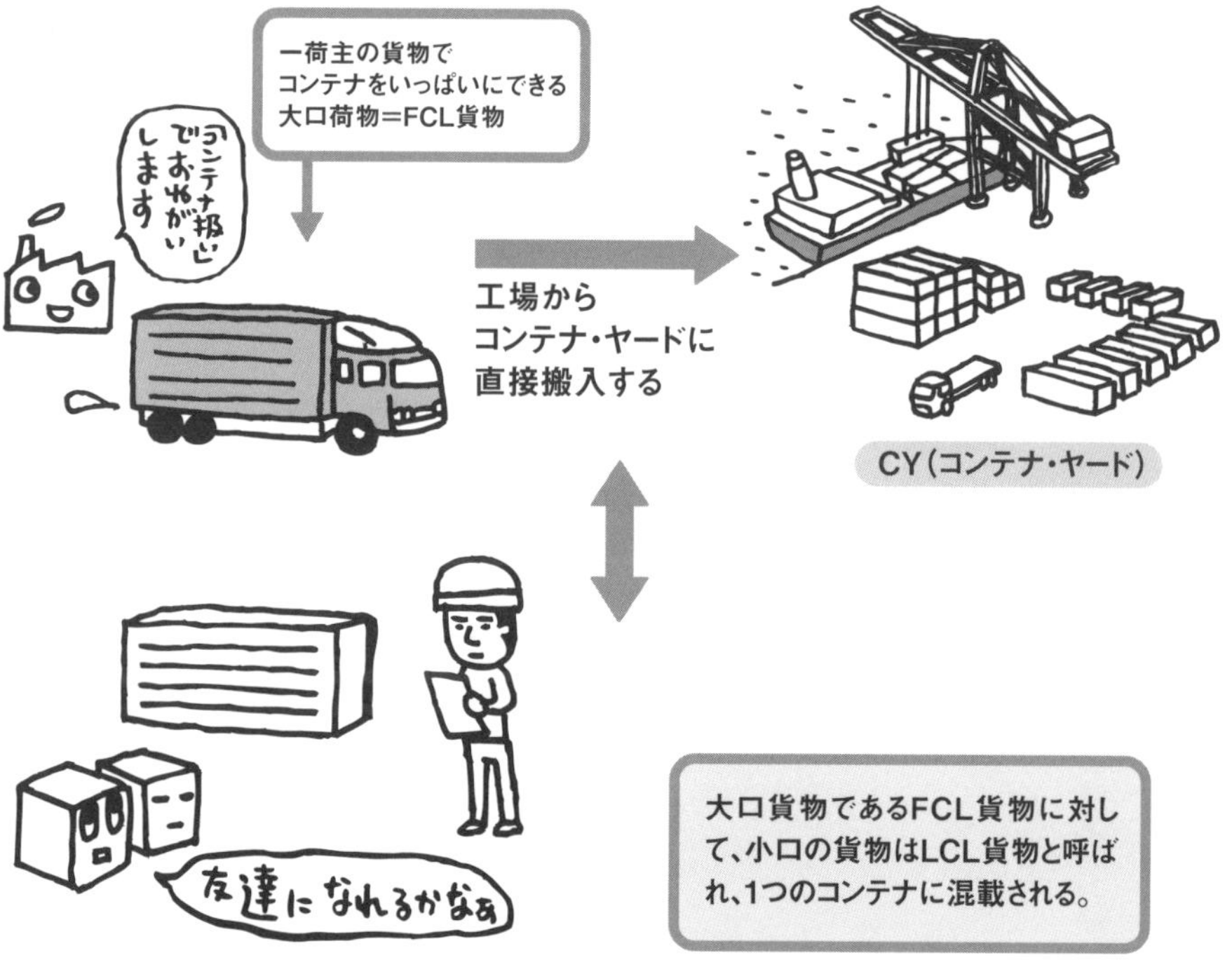

一荷主の貨物で
コンテナをいっぱいにできる
大口荷物＝FCL貨物

「コンテナ扱い」でおねがいします

工場から
コンテナ・ヤードに
直接搬入する

CY（コンテナ・ヤード）

友達になれるかなぁ

大口貨物であるFCL貨物に対して、小口の貨物はLCL貨物と呼ばれ、1つのコンテナに混載される。

### 特定輸出者制度

コンプライアンス（法令順守）の優れた輸出者に対し認められる制度です。原則として輸出申告は、保税地域に貨物を搬入した後に行うことになっていますが、この制度を利用すると、保税地域に搬入せずに輸出者の倉庫や工場で、輸出申告から輸出許可までの通関手続を行うことができます。これにより保税地域に搬入する手間も省け、その分コストも抑えることができ、また、通関手続に要する時間も短縮化することができます。

なお、この制度を利用するためには、全国いずれかの税関長から「特定輸出者」の承認を受ける必要があります。

# コンテナ貨物（FCL貨物）の船積みまでの流れ

## FCL貨物の流れ

ここでは、FCL貨物の場合を例にとって、船積みまでの流れを見ていくことにしましょう。

輸出者が輸出通関手続と船積手続を依頼するところまでは在来船の場合と同じです。

## 貨物の搬入〜輸出申告

①輸出者は、輸出許可を受けたFCL貨物をコンテナ・ヤードに搬入します。

②海貨業者は、船社に**ドック・レシート（D/R）**により船積申込をします。これは、在来船のM/Rに相当するものです。

③海貨業者は、税関長にNACCSにより輸出申告を行います。その後、税関長から輸出許可を受けます。インボイスなど必要な書類を税関に届けます。

## コンテナ詰め〜コンテナ・ヤードへの搬入

④この間、上屋において貨物をコンテナに詰めます。このとき検数人の立会いを受け**コンテナ内積付表（CLP）**が作られます。

⑤そこで、海貨業者は、実入りコンテナにE/P、CLP、D/Rを添えてコンテナ・ヤードに搬入します。

## コンテナのチェック〜船積み

⑥CYオペレーターは、コンテナ番号、シール番号、ダメージの点

## コンテナ貨物の船積みの流れ①

## コンテナ貨物の船積みの流れ②

検・検査などのうえ、D／Rに署名をして海貨業者に交付します。コンテナの点検・検査により異常がある場合には、D／RのException欄にその旨が記入されます。ここに記入された場合、船社から発行されるB／Lは、リマーク付きになってしまいます。

⑦CYオペレーターは、ガントリー・クレーンなどを使ってコンテナ貨物を本船に積込みます。

### 税関の船積み確認～

⑧船積み後、CYオペレーターは、E／Pに、本船の船長の署名を取り付けた税関用のD／Rを添えて税関に提出し、船積みの確認を受けます。

　税関は、E／Pに船積みの確認済み印を押し、返付します。

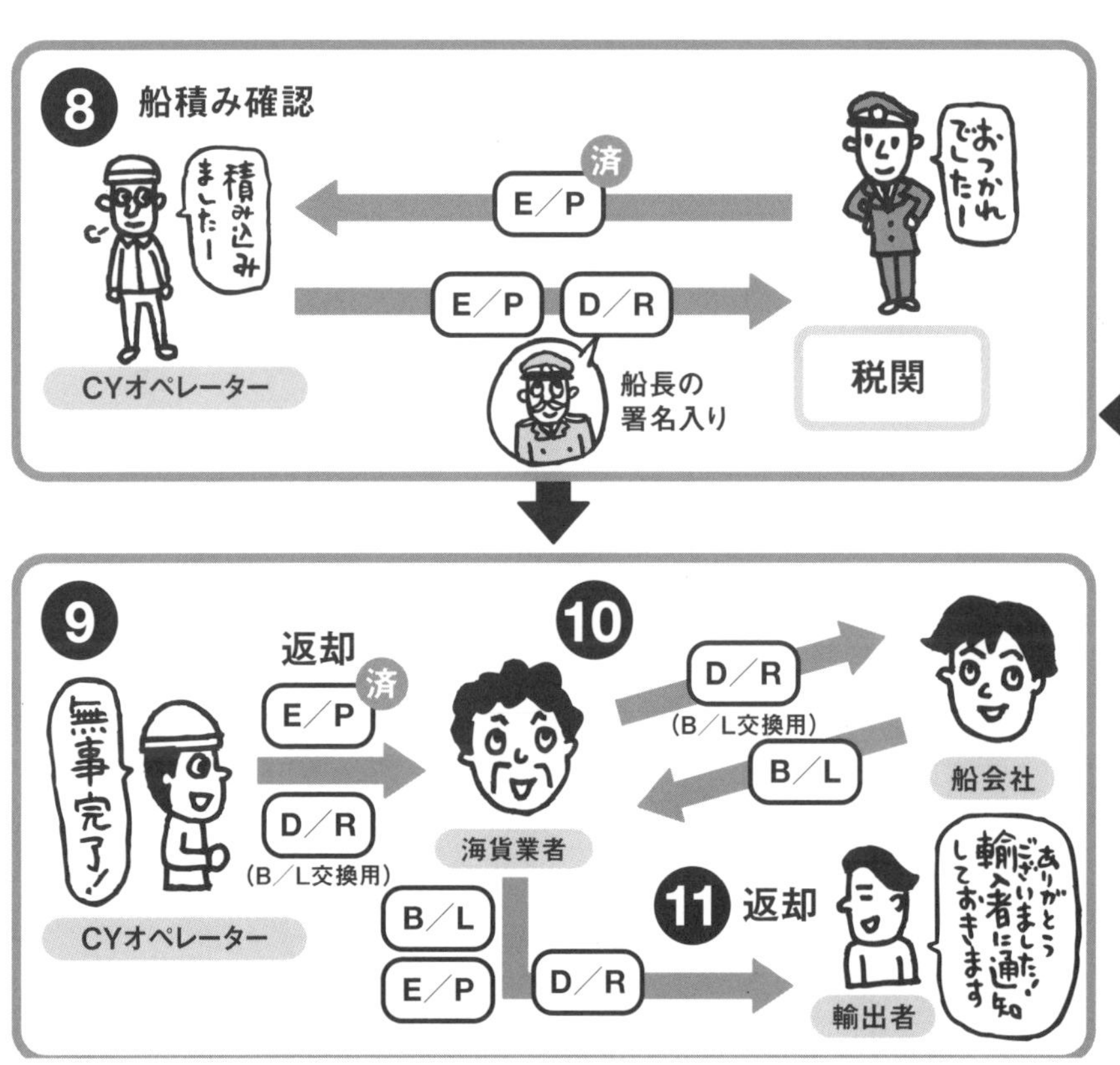


⑨CYオペレーターは、税関の確認済みE／Pと船長署名入りのD／R（B／L交換用）を海貨業者に返却します。

⑩海貨業者は、このD／Rを船会社に提出しB／Lを受け取ります。

ただし、このとき発行されるB／Lは、受取船荷証券（Received B/L）です。信用状取引の場合は、船積船荷証券（Shipped B/L）が要求されていますので、この受取船荷証券に船会社の船積証明（On Board Notation）が必要になります。

⑪海貨業者は、輸出者にB／L、D／R（荷主控用）、E／Pを返却します。

輸出者は、輸入者に船積通知を行います。

Column

## 海上保険の歴史②

仮装売買契約のようなしくみが、だんだん現在の海上保険へと発展していきました。そして、15世紀には、海上保険法の原型といわれるバルセロナ法ができています。

さらに、17世紀末には、舞台はロンドンになりますが、ロイズ保険市場が誕生しています。

ロンドン港の近くにあるロンバード街にあったエドワード・ロイドが経営するコーヒー店に、海外輸送や保険の関係者が日常的に集まり、海外輸送などについての情報交換をしていました。

経営者であるロイドは、情報を扱った新聞を発行するようになりました。そして、いつの日かこのコーヒー店から会員組織の組合であるロイズ保険組合が誕生したのです。

これが現在の海上保険のルーツです。

# 第 9 章

# 輸入実務の流れ

# 貨物の引取り

## 在来船の場合

では、到着した荷物の引取りの流れを見ていきましょう。まずは在来船の場合です。

在来船により外国から貨物が到着したら、積載船から貨物を引き取ります。

貨物を引き取る方法には、**自家揚げ（Shipside Delivery）**と**総揚げ（Shed Delivery）**の2つの方法があります。

用船契約（船を貸し切って運ぶ）の場合や重量のある貨物の場合には、自家揚げにより貨物を引き取ります。輸入者（通常、海貨業者に手続きを委任していますので、海貨業者と読み替えても結構です。以下同じです。）は、B／Lを船会社に呈示し積載船の船長あての**荷渡指図書（D／O：Delivery Order）**を発行してもらいます。これを船長に呈示して貨物を引き取り、自ら保税地域に搬入し、輸入通関手続を行います。

自家揚げ以外の場合は、総揚げによります。これは、船会社が一括して積載されている貨物を全部陸揚げする方法です。船内荷役業者によって陸揚げされた貨物は、保税地域に搬入され、そこで輸入者に引渡されます。

## コンテナ船の場合

次にコンテナ船の場合です。この場合も、輸入者は、B／Lを船会社に呈示し、荷渡指図書（D／O）を受取ります。この荷渡指図書のあて先は、FCL貨物の場合には、コンテナ・ヤードのオペレーターに、ま

## 貨物の引取り　在来船の貨物の場合

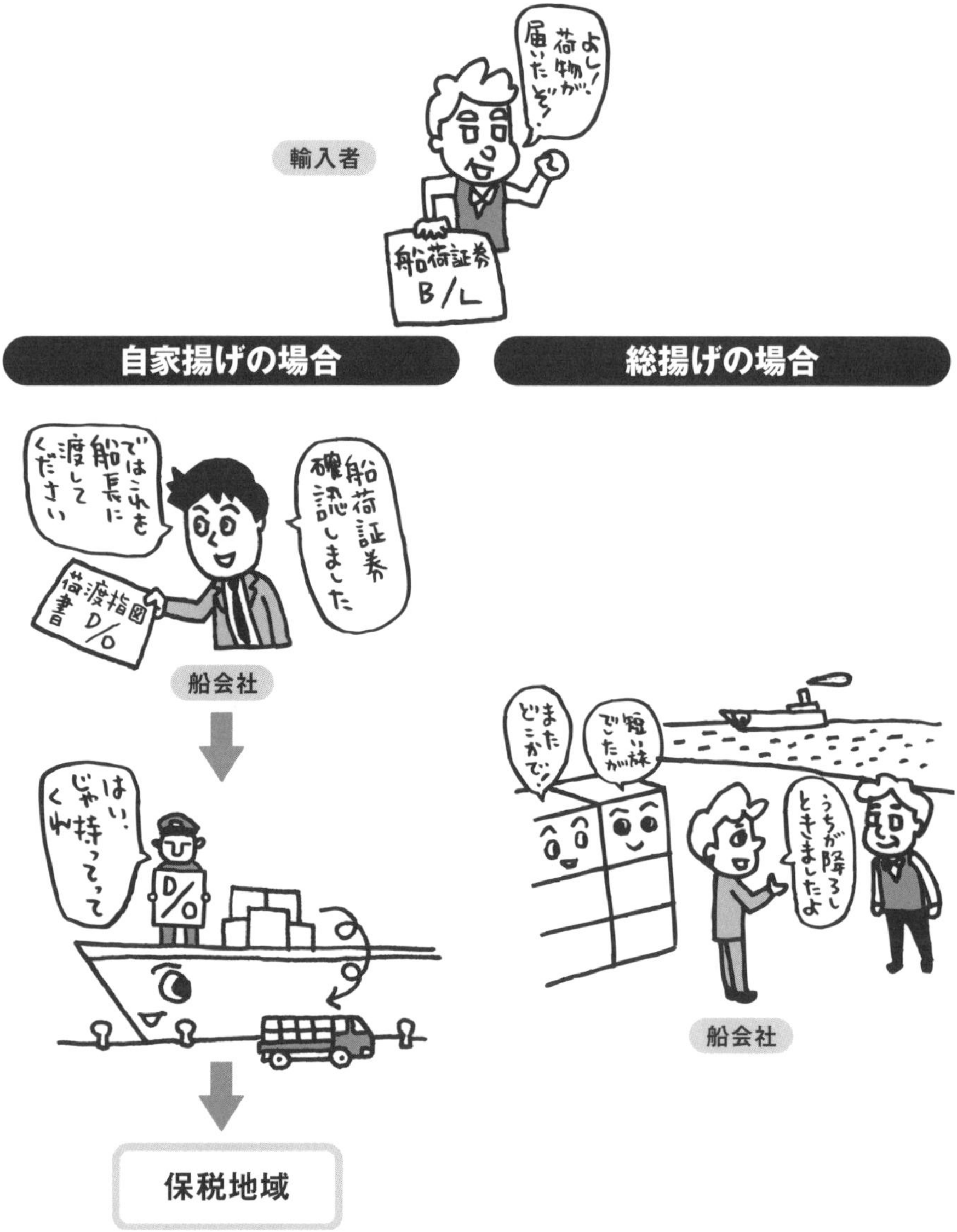

**自家揚げの場合**

ではこれを船長に渡してください
船荷証券確認しました
荷渡指図書
D/O

船会社

はい、じゃ持ってってくれ
D/O

保税地域

**総揚げの場合**

またどこかで！
短い旅でしたが
うちが降ろしときましたよ

船会社

## 貨物の引取り　コンテナの場合

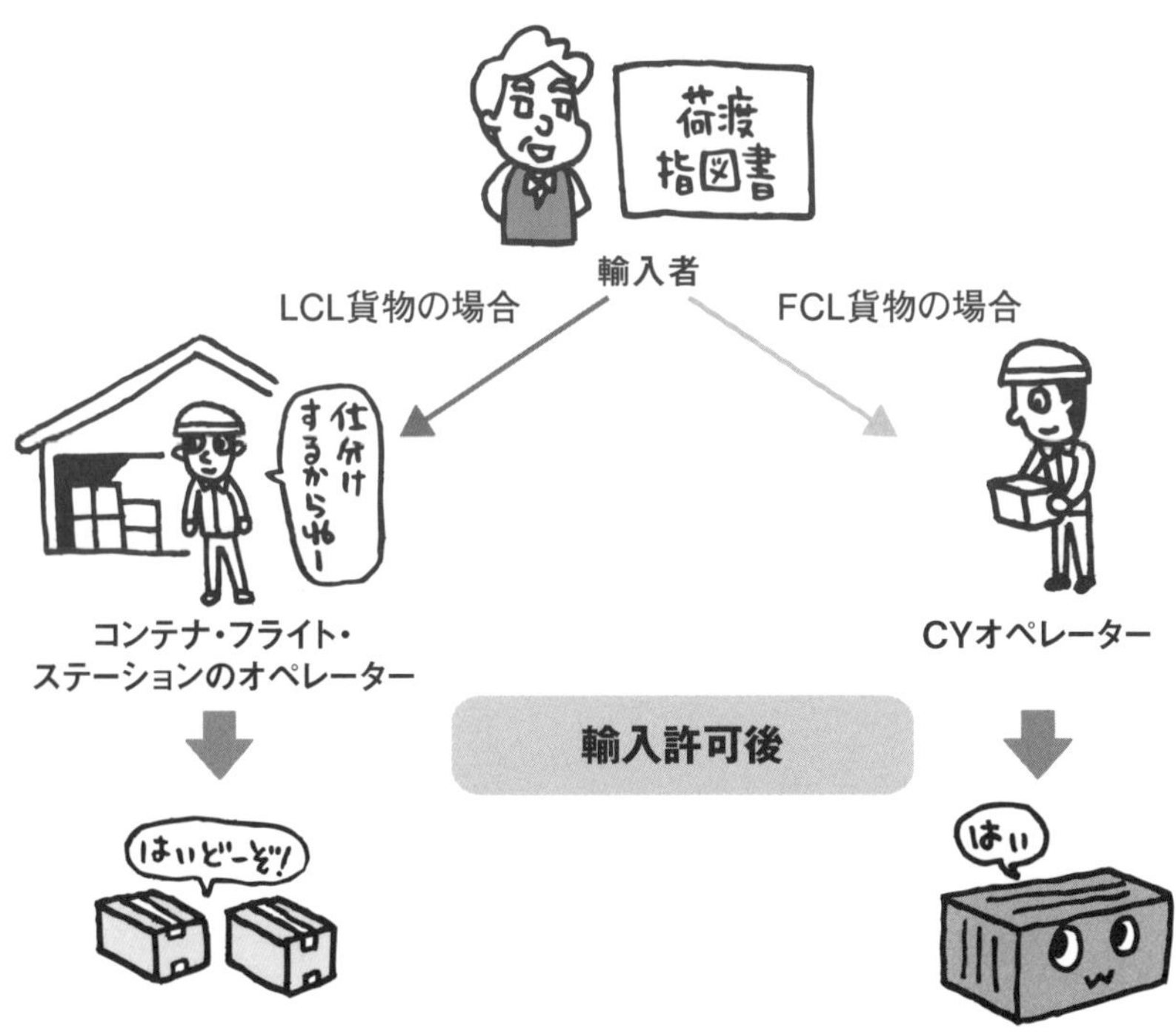


た、LCL貨物の場合には、コンテナ・フレイト・ステーション（CFS）のオペレーターになります。

次に輸入者は、輸入通関手続きを行い、税関長から輸入許可を受けます。

輸入許可後、先のD／Oと輸入許可書を揃え、コンテナ・ヤード・オペレーターまたはコンテナ・フレイト・ステーションのオペレーターに提出します。

FCL貨物は、コンテナごと受け取ります。一方、LCL貨物は、コンテナ・フレイト・ステーションに運ばれ仕分けされていますので、現物を受取ります。

### 航空貨物の場合

次に航空貨物の場合です。

信用状取引による場合、貨物の引

## 航空貨物の引取り

### 信用状取引による航空貨物の引取り

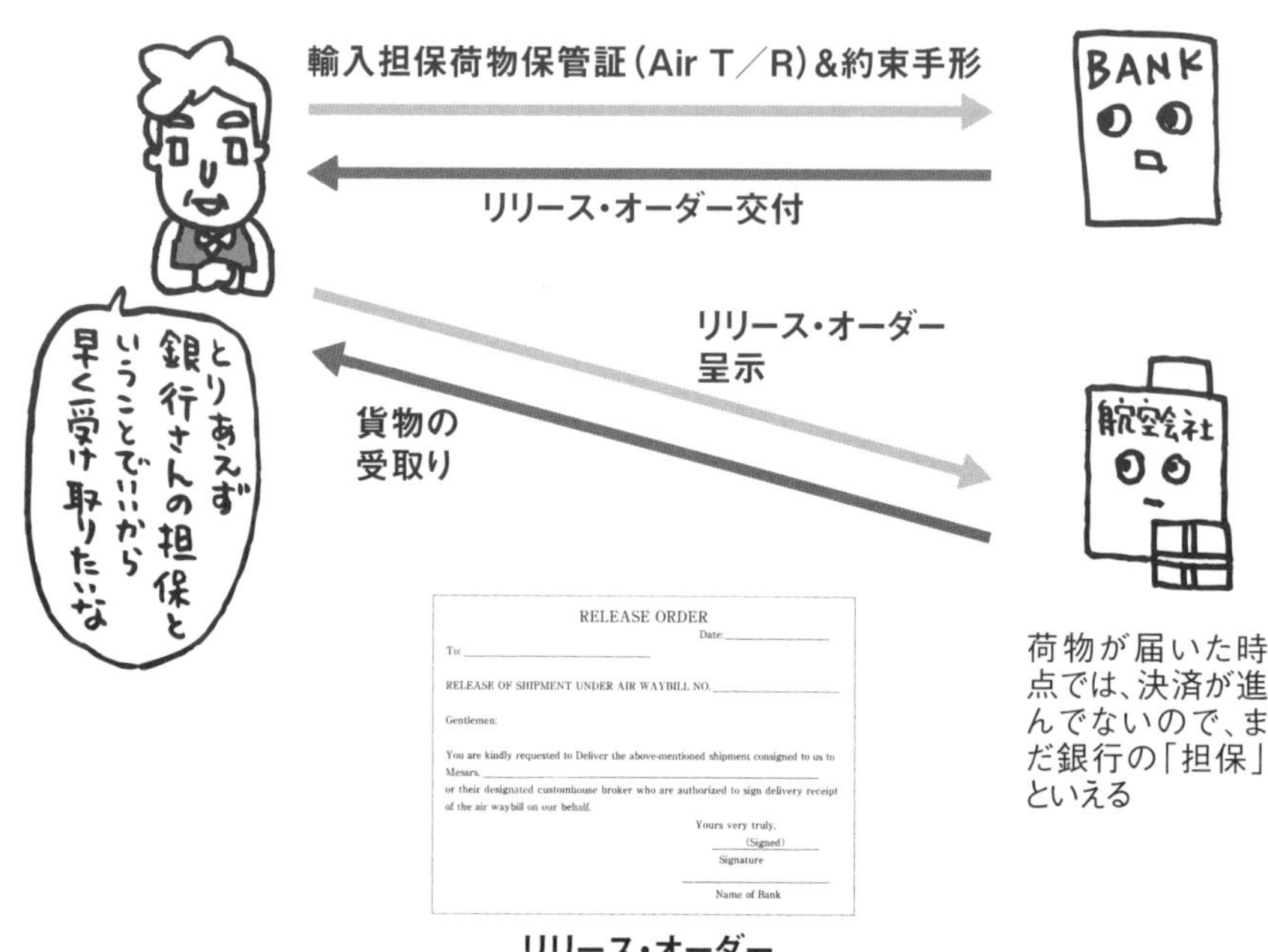


RELEASE ORDER

Date:__________

To:__________

RELEASE OF SHIPMENT UNDER AIR WAYBILL NO.__________

Gentlemen:

You are kindly requested to Deliver the above-mentioned shipment consigned to us to Messrs.__________
or their designated customhouse broker who are authorized to sign delivery receipt of the air waybill on our behalf.

Yours very truly,
(Signed)
Signature

Name of Bank

リリース・オーダー

取りには、銀行のサインのある**貨物引渡指図書（リリース・オーダー：Release Order）**が必要です。

これは、銀行が航空会社あてに、その貨物を輸入者に引き渡すように指図している書類です。

信用状取引の場合、荷為替手形よりも貨物が先に到着するため、まだ貨物の決済が済んでいないことがほとんどです。つまり、到着した貨物は、まだ、銀行の担保であるわけです。そこで銀行は、荷受人である輸入者に担保物である貨物を貸し出すという形を取るのです。

もちろん、この場合、輸入者がその貨物を処分することも銀行は認めます。

このリリース・オーダーを発行してもらうためには、輸入者は、「輸入担保荷物保管証（丙号）」（Air T/R）という書類および担保として約束手形を差し入れることになります。

# 海貨業者への依頼

## 輸入者に代わって手続きを行う

貨物の引き取りと輸入通関の手続きは、多くの場合通関業の許可を合わせ持っている海貨業者に依頼します。依頼の際は、海貨業者に船名、品名、数量、荷姿、荷印、作業内容、通関の内容、納入先などを記載した**輸入受渡作業依頼書**を渡します。そして貨物を引き取るまでに必要な全書類を海貨業者に引き渡します。

海貨業者は、この依頼書に基づき、貨物を輸入者に手渡すための作業を行います。

## 引き渡す書類

海貨業者に引き渡す種類は、おおむね次のようなものです。

①B／L又はリリース・オーダーなど

これらは、貨物を船会社や航空会社から引き取るために必要な書類です。なお、B／Lが手元にない場合には、L／Gを手配し、提出します。

②仕入書（インボイス）

インボイスは、貨物の品名、数量、価格など詳細が記載されており、輸入貨物の課税価格の算出に重要なものです。このインボイスは、原則として税関に提出しなければなりません。

③他法令関係書類

ここでいう他法令とは、関税法やその他関税に関する法律以外の法律を指します。そして、他法令の規定によって輸入に関し行政庁の許可や承認を求めている場合、許可証や承認証を輸入申告の際に提出しなければなりません。

④課税価格の算出に必要な資料

納税申告にあたって正確な申告を

## 海貨業者に提出するもの

書類一式

税金の計算に
必要な書類は
揃ってますか？

海貨業者

- 輸入受渡作業依頼書
- B／L
  （又はリリース・オーダー）
- 仕入書（インボイス）
- 他法令関係書類
- 納税価格の計算に
  必要な書類
- カタログ、仕様書
- 原産地証明書
- 契約書
- 運賃明細書
- 保険料明細書

⋮

行うために必要なものです。また、税関に参考資料としてカタログや仕様書を呈示することもあります。また、特恵関税の適用などを受ける際には、原産地証明書の提出も必要になります。

　このほか、契約書、運賃明細書、保険料明細書などがあります。

　輸入手続きは、単に貨物の引き取りだけを取り扱うのではなく、税金も関わってきます。したがって、海貨業者は、貨物の正確な情報がないと正確な納税申告ができません。もし、関税などの申告額が少ないことが後でわかった場合には、修正申告をしなければならず、また、延滞税や過少申告加算税という附帯税も課税されてしまいます。

# 輸入通関手続

## 保税地域へ搬入

輸入通関手続を行うためには、輸入しようとする貨物を保税地域に搬入しなければならないという原則があります。

輸入申告に対して税関は、2つの側面から審査を行います。

## 関的検査

これは、輸入してよい貨物かどうかを見極める検査です。

たとえば、申告された貨物が輸入してはならない貨物に該当していないか、あるいは、仕入書や輸入申告書に記載された貨物に相違していないかという検査です。

## 税的検査

これは、納税申告が正しく行われているかの検査です。税関長の調査したところと相違ないか、あるいは、関税に関する法律の規定に従っているかどうかという検査です。

これらの検査を通して輸入許可、不許可は、判断されます。

## 輸入できないもの

それでは、一般に輸入が許可されない場合とは、どのような場合なのでしょうか。

①「輸入してはならない貨物」に該当する場合

たとえば、知的財産権を侵害した

# 輸入通関手続

## 関的検査

**輸出してよいものかどうかをチェックする**

- 輸入してはならないものはないか
- 仕入書や輸入申告書に記載された貨物に相違ないか

## 税的検査

**納税申告が正しく行われているかどうかチェックする**

コピー商品などは、輸入はできません。

②輸入に関して他法令で行政機関の許可や承認などの処分が必要な貨物で、許可や承認を受けていない場合

③輸入貨物あるいは、その容器に偽った原産地や誤認を生じさせる表示がされている場合

④関税、消費税、地方消費税など輸入の際に納付しなければならない税金を納付していない場合

以上の場合です。

# 関税のしくみ

## 主に国内産業の保護を目的とする

ものを輸入するときには、輸出時にはない「関税」などの税金が課されます。輸入者は、品物の金額だけでなくこれにプラスアルファした金額を払わなければ輸入できません。

関税の制度は、日本のような先進国では特に、国内産業の保護を目的として行われています。海外の製品と国内の製品を比較したときに、関税分安い国内製品にしておこう、というような購入者の心理を期待しているわけですね。

## 関税の納付方法

ほとんどの関税額は、輸入者が輸入申告する際に納税申告して確定しますが、例外もあります。たとえば、郵便物や携帯品などは、輸入者は納税申告する必要はありません。その代わり税関が税額を確定してくれます。これを、**申告納税方式**に対して**賦課課税方式**といいます。

## 貿易で主に使うのは一般貨物の関税率

さて、関税率は、海外旅行の帰国の際にその携帯品や別送品に対して適用される「入国者の携帯品、別送品に対する関税率」、一般の輸入貨物のうち課税価格が少額のものに適用する「少額貨物に対する関税率」、その他の「一般の貨物に対する関税率」の大きく3つに分けることが出来ます。

これから先は、貿易取引で主に使われる一般の貨物に対する関税率について説明していきましょう。

## 関税のしくみ

## 関税の納付方法

### 申告納税方式

一般の輸入貨物に関してはこの方式がとられる

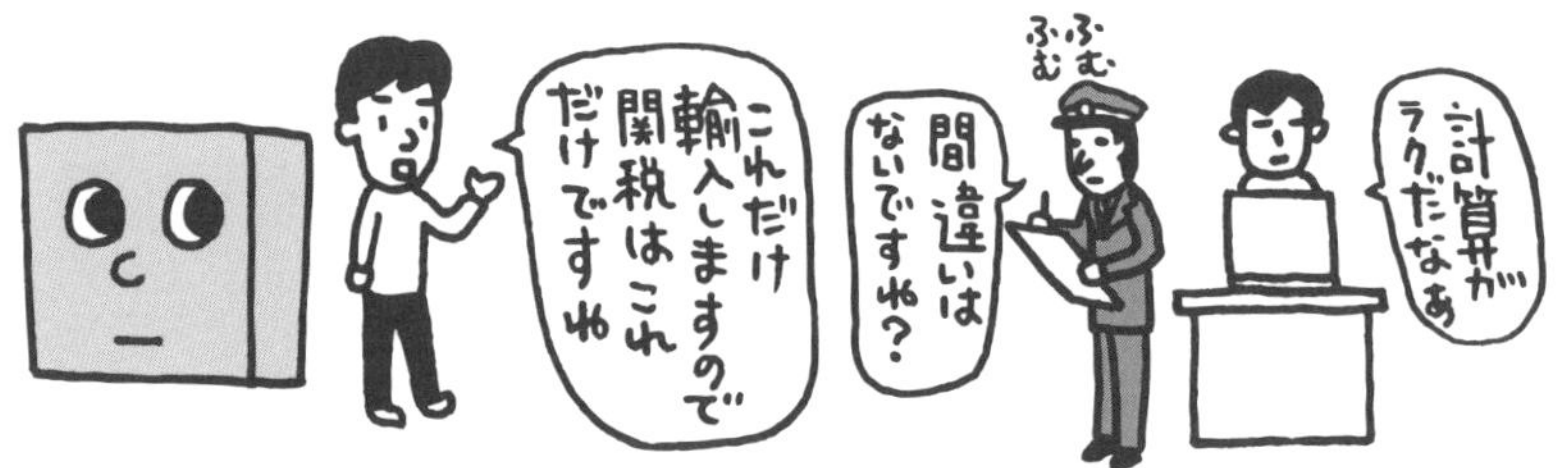


### 賦課課税方式

入国者の携帯品や別送品郵便物などは税関が税額を確定する

# 関税率は複数ある

## さまざまな関税率

**関税率**は、金額または数量、重さなどに対して、品目ごとに設定されています。

ところが、同じ品目にも、関税率は何種類も存在するのです。貿易をする際、取引相手国がどこか、などによって、どの関税率を適用するかを決定し、関税額を算出します。

## 国定税率

日本の国会で定めた税率が、**基本税率**、**暫定税率**、**特恵税率**です。これらをまとめて**国定税率**ということもあります。

**基本税率**は、一番基本的な税率で、特別な事情がなにもない場合に適用されるものです。

**暫定税率**は、基本税率では不都合な事情がある場合に暫定的に適用される税率です。暫定税率は基本税率と違い、適用期間が限定されていますので、どんな貨物にも暫定税率があるというわけではありません。

**特恵税率**は、開発途上国である特恵受益国からその国の原産品を輸入する際に適用される税率です。そして、これは、通常の場合に適用される税率よりも安いか、あるいは、通常は有税なのに、無税になったりします。

## ＷＴＯ協定税率

一方、ＷＴＯ税率は、ＷＴＯ条約によって定められた税率です。条約では、譲許税率といわれています。

この意味は、ＷＴＯ加盟国からその

## 税率の決定

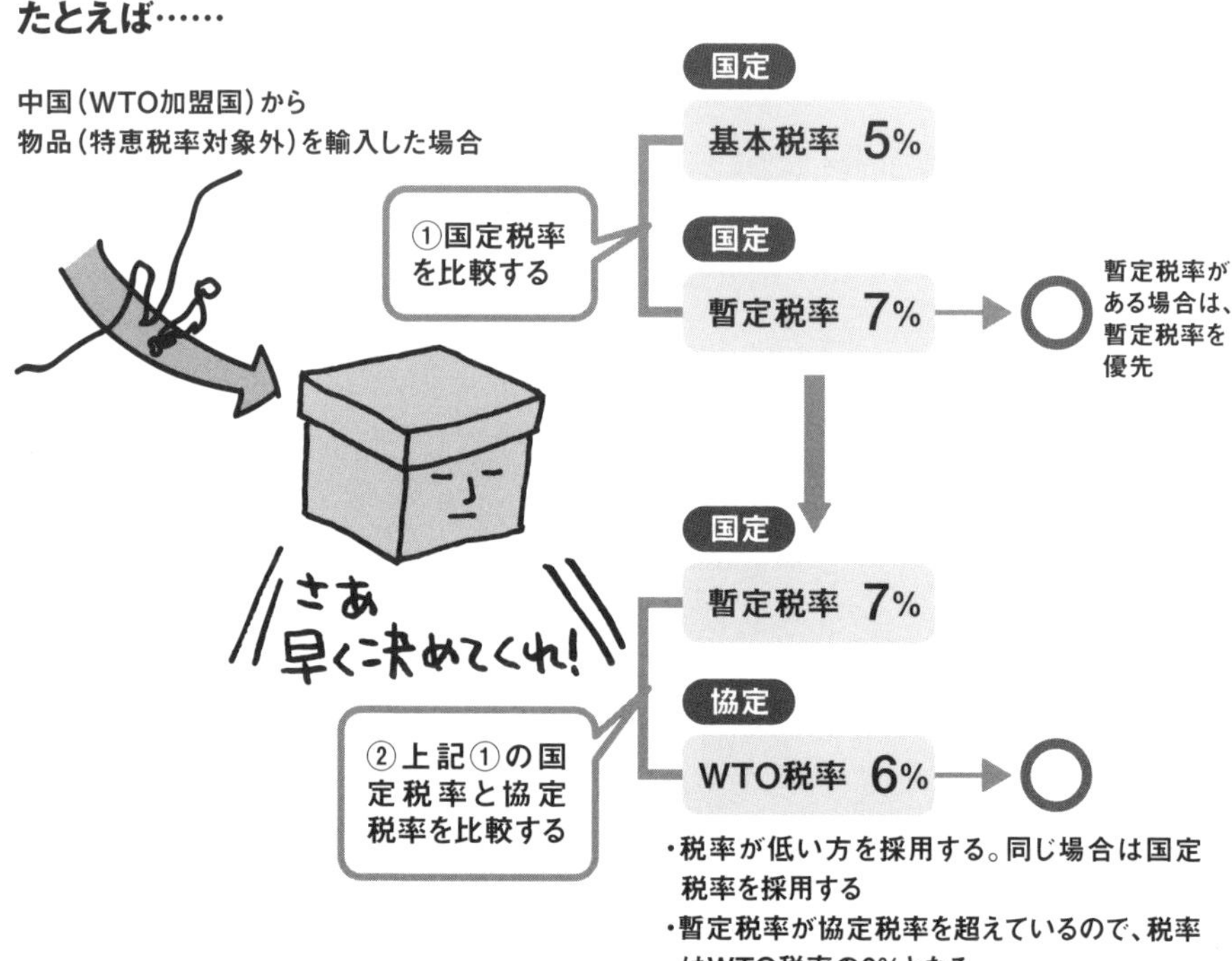


国の原産品が輸入される場合、輸入国は、この税率を超えて関税を課してはならないというものです。

輸入国が課す税率とは国定税率のことです。この国定税率（おもに基本税率と暫定税率）の有無、優先順位を確認したうえで、さらにWTO税率と見比べることによって、関税率が決まります。

### EPA税率

また、経済連携協定（EPA）を結んだ国々の原産品の輸入に適用される税率もあります。たとえば、シンガポール協定、メキシコ協定、マレーシア協定や最近ではTPP11、EU協定で定めた税率などです。

# 課税価格決定のしくみ

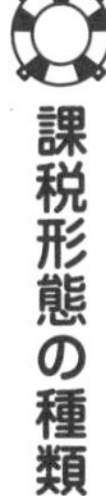
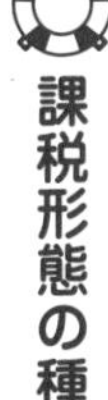

## 課税形態の種類

関税は、輸入貨物の価格に対して課税される場合と数量に対して課税される場合があります。前者を**従価税**といい、後者を**従量税**とよんでいます。また、この両方をミックスしたものを**混合税**といいます。課税形態の代表的なものはこの3つです。

## 従価税と従量税の算出方法

従価税品の場合、課税価格に、関税率表に記載されている関税率を掛けて算出します。一方、従量税品の場合は、貨物の数や量に、関税率表に記載されている単位あたりの金額を掛けて算出します。

## 選択税とは

また、混合税には**選択税**と**複合税**の2種類があります。選択税には従価税と従量税両方の税率が設定されており、算出結果の高いほうを確定税率とする方法です。複合税は従価税と従量税を同時に掛ける方法です。特に選択税は、価格変動などにも強く、国内産業の保護に有効です。

従価税品の場合、課税価格は、通常CIF価格とされています。つまり、貨物の価格に加え、輸出者が負担した運賃や保険料も課税価格に含まれるということです。

このような、価格なのか数量なのか、「何に課税するか」という基準を**課税標準**といいます。

## 課税価格決定のしくみ

- **従価税** 輸入貨物の価格に対して税率を掛け算出する
- **従量税** 輸入貨物の重量や数に対して税率を掛け算出する
- **混合税**
  - **選択税** 上記2つが設定されており算出結果の高いほうを税額とする
  - **複合税** 従価税、従量税を両方かける

## 実行関税率表（抜粋）

| 品名 | 基本 | WTO協定 | 特恵(GSP) | LDC特恵 | 暫定 |
|---|---|---|---|---|---|
| コーヒー（いったものに限る。） | 従価税　課税標準×12% | | | | |
| カフェインを除いてないもの（HSコード0901.21-000） | 20% | 12% | 10% | 無税 | |
| カフェインを除いたもの（HSコード0901.22-000） | 20% | 12% | 10% | 無税 | |
| とうもろこし | | | | | |
| 播種用のもの | | | | | |
| 1 薬品処理（例えば、殺菌又は発芽促進のための処理）により専ら播種用に適するようにしたもの（HSコード1005.10-010） | 無税 | （無税） | | | |
| | 従量税　課税標準×9円/kg | | | | |
| 2 その他のもの（HSコード1005.10-020） | 15円/kg | 9円/kg | 4.50円/kg | 無税 | |
| その他の発酵酒 | 選択税　高い方を選ぶ | | | | |
| 1 アルコール分が1%未満のもの（HSコード2206.00-100） | 35%又は27円/kgのうちいずれか高い税率 | 29.8%又は23円/kgのうちいずれか高い税率 | 無税 | | |

税関ホームページより作成

# 輸入通関に関する制度

## 輸入許可されれば内国貨物になる

関税法では、外国から日本に到着した貨物で輸入許可を受ける前の貨物を外国貨物としています。

この外国貨物は、まだ税関の取締まり下にあるという意味です。検査、審査が終わったとしても輸入税はまだ納付されていない、そのような貨物も含まれます。

輸入許可されれば、関税法上での内国貨物となり税関の取り締まり下から解放されます。つまり、日本内にある他の貨物と同様、輸入者が自由に使用したり、消費したりすることが出来るというわけです。

ところで、関税法では、輸入者の便宜を図るために便利な制度を設けています。

## 貨物の到着即時輸入許可制度

この制度は、以前は航空貨物だけが対象でしたが、現在では、海上貨物についても利用できるようになりました。

これは、予め予備申告を行い書類の審査を経ておき、貨物が到着したらＮＡＣＣＳにより輸入（納税）申告を行うというものです。そうすると輸入が許可されます。貨物を保税地域に入れることなく輸入許可を受けることができるもので、通関手続が短縮されます。

## 輸入許可前における貨物の引き取り制度

申告納税方式の対象となる輸入貨物が新規のものであった場合や、特

## どこからが内国貨物?

貨物が到着していても、
輸入許可されていなければ、
まだ外国貨物

Iam
ジャパニーズ。

保税地域

輸入許可

内国貨物になる

## 貨物の到着即時輸入許可制度

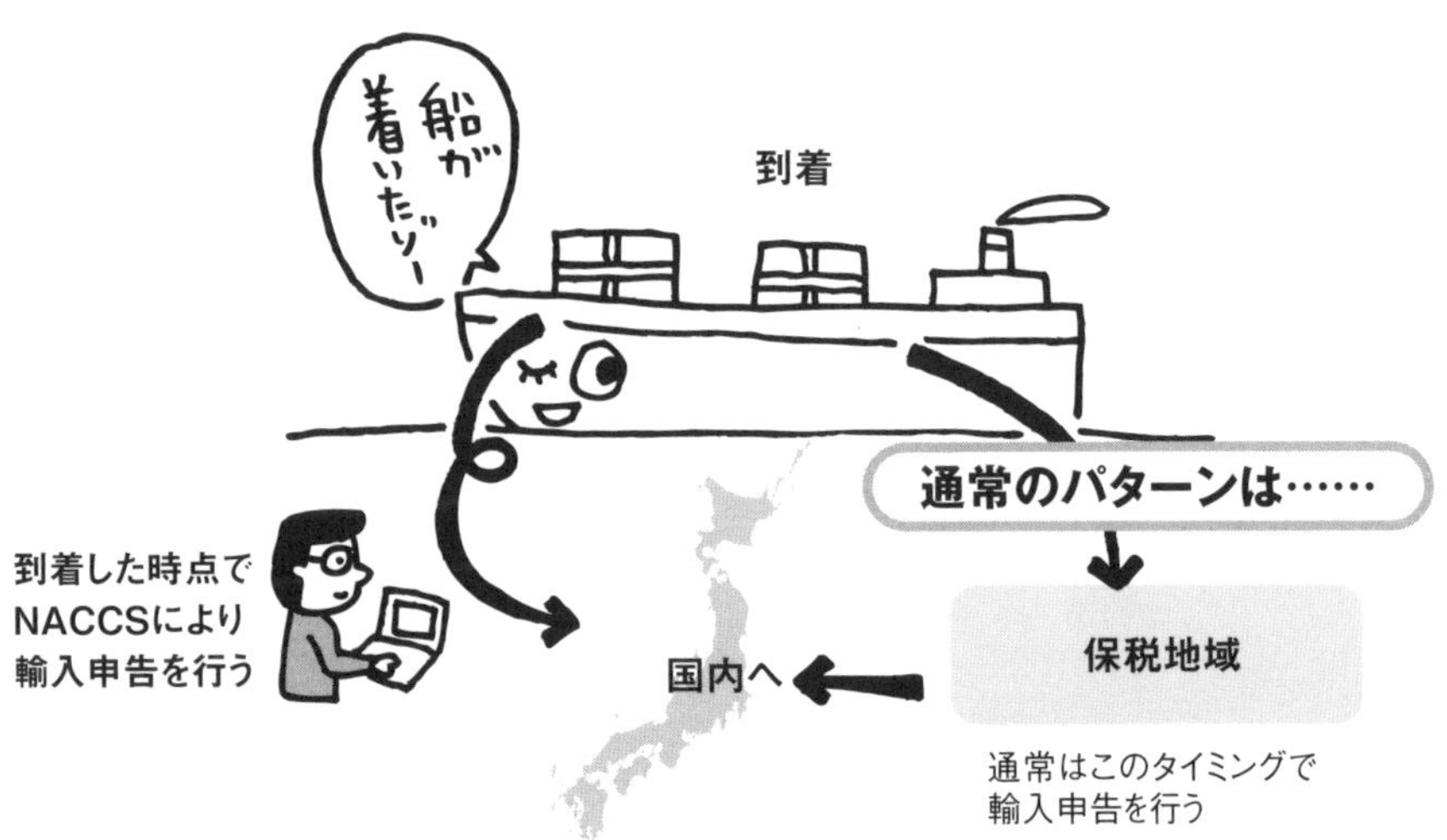

恵関税やＥＰＡ税率などを適用して輸入しようとしているが、原産地証明書が手元に届いていないといった場合、担保を提供してとりあえず貨物を保税地域から引き取ることを認める制度です。まだ、関税も納付していませんし、輸入許可も受けていませんが、関税法上、引き取られた貨物は、原則として内国貨物扱いになり、自由に使用し消費することができます。

　この制度を利用するときは、税関長に申請して承認を受けなければなりません。

## 関税の納期限延長制度

　原則として関税は、即納といって一時金で納付しなければなりません。この納付がないと輸入許可は受けられないのです。そのため、手元資金のない輸入者は、金融機関などから納税資金の融資を受けるということもあります。

　しかし、申告納税方式による貨物の関税は、担保を提供することにより最長３カ月関税の支払いを猶予してもらえます。これが、納期限の延長制度です。利子も延滞税もかかりませんから輸入者にとっては便利な制度です。

## コンプライアンス等の優れた者に対する特例申告制度

　通常は、輸入申告と同時に輸入税の納税申告を行います。一方、貨物のセキュリティ管理やコンプライアンスの体制が整備された者に対しては、特例申告制度が認められています。これは、まず、貨物の引き取りのための申告だけを行い、輸入許可を受けます。これを引取申告といいます。そして、納税申告と納税は、輸入許可日の属する月の翌月末日までに行えばよいというものです。原則と違ってこの日までに申告すればよいことから、この納税申告のことを特例申告といっています。

　この特例申告制度を利用するためには、税関長から特例輸入者の承認を受けるか、認定通関業者に輸入通関を依頼する必要があります。

　なお、この場合、通常の輸入申告のときとは異なり、税関にインボイス、原産地証明書などの書類の提出は不要です。ただし、特例輸入者には、これらの書類の保存義務があります。

# コンプライアンス等の優れた者に対する特例申告制度

## 通常の輸入通関の流れ

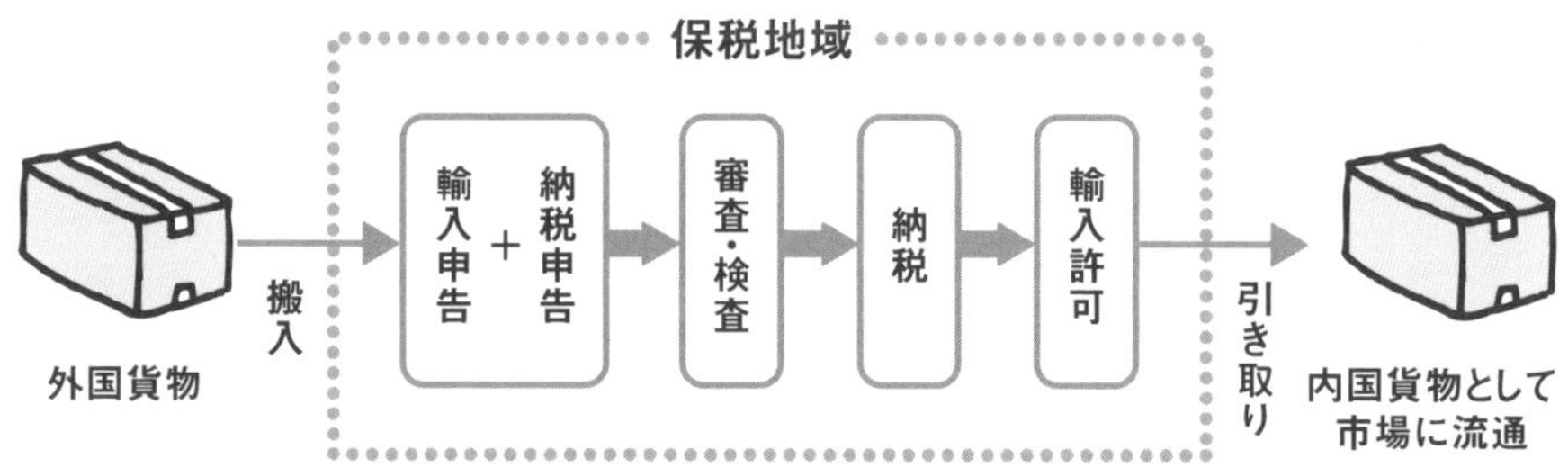


## 特例申告制度の流れ

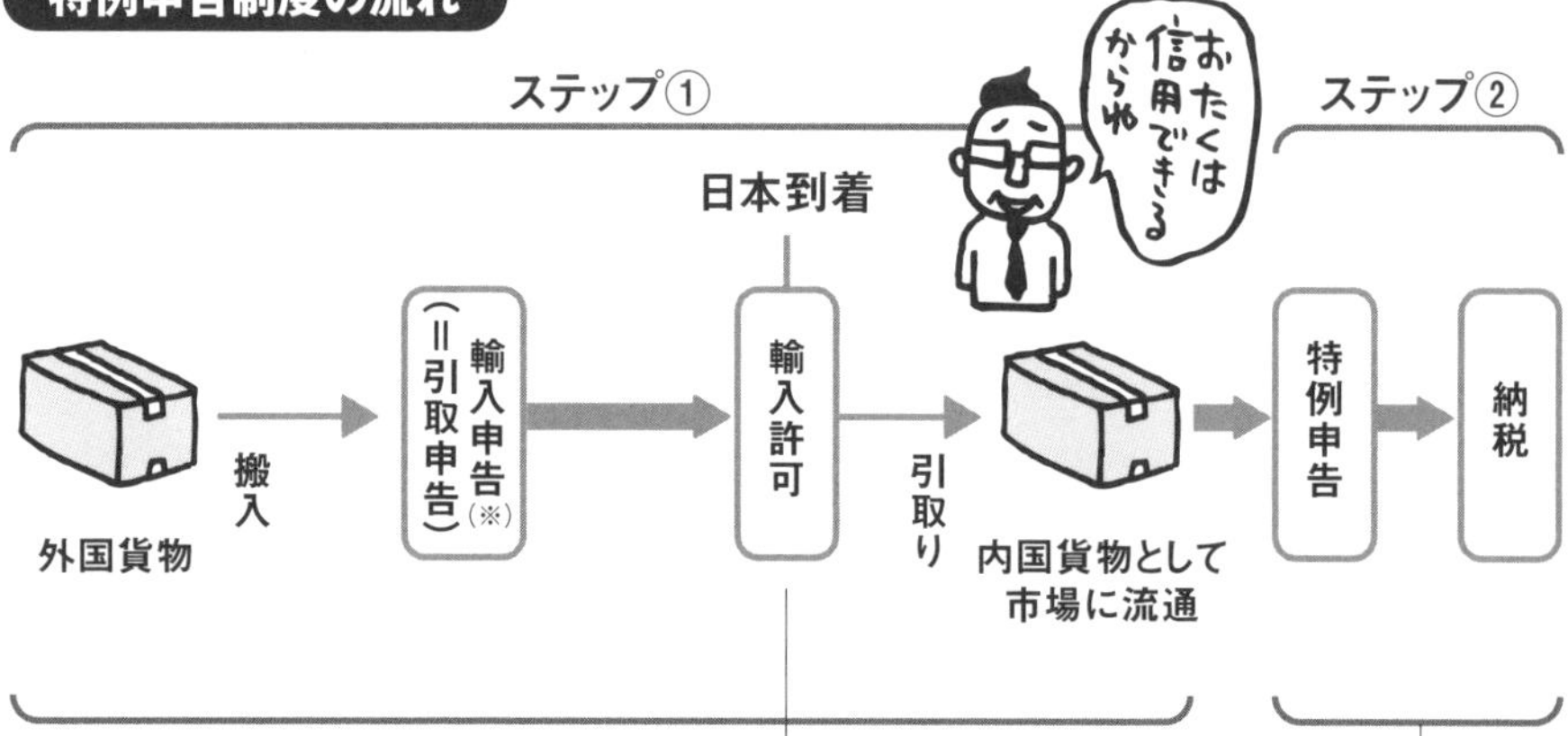

ステップ①

ステップ②

おたくは
信用できる
からや

日本到着

外国貨物

搬入

輸入申告（＝引取申告）（※）

輸入許可

引取り

内国貨物として
市場に流通

特例申告

納税

（※）日本到着前に一定の条件の下に輸入申告（引取申告）
を行うことができる。

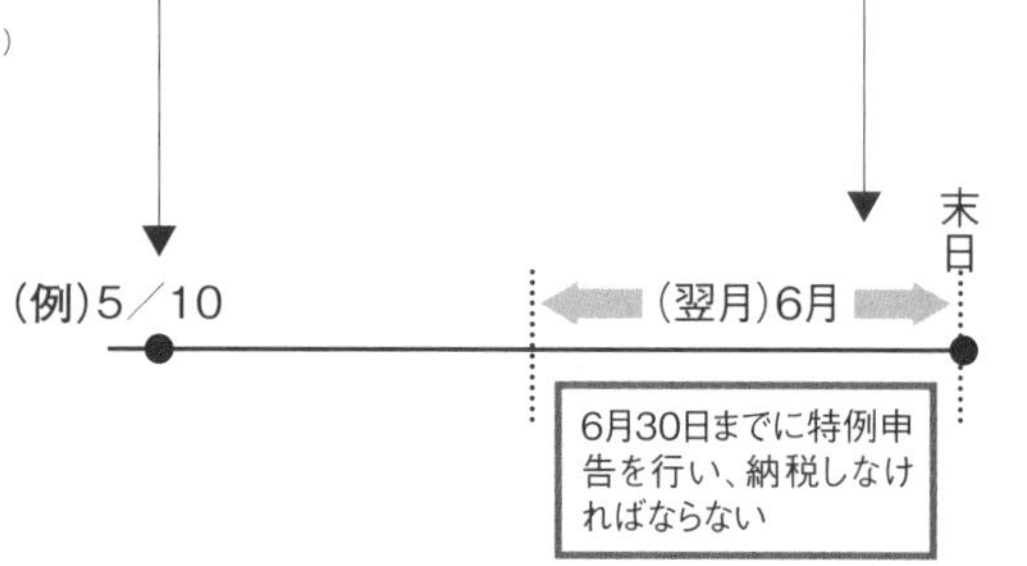

**条件**
**税関長の承認を受けた特例輸入者は特例申告制度を利用する場合、NACCSで手続きを行う。**

（例）5／10

（翌月）6月

末日

6月30日までに特例申告を行い、納税しなければならない

Column

## 貿易ゲームをやってみよう！

教育現場などでさかんに行われているワークショップに「貿易ゲーム」というものがあります。

まず、参加者を数名ずつのグループに分け、それぞれに「先進国」「中進国」「開発途上国」の役を与えます。各グループには紙とハサミ、鉛筆などが配られますが、その数は平等ではありません。そして、グループ対抗で、製品（円、半円、長方形など）を生産して、多く稼いだチームが勝ち、というものです。世界銀行（進行役）は品質を厳密にチェックして、製品を買い取ります。

先進国には技術（ハサミ）はあるが資源（紙）が少ない。開発途上国には資源（紙）はあるが技術（ハサミ）がないということで、そこに交渉や情報合戦が起こります。

世界の国際関係の大まかなしくみや、交渉力、情報力、生産効率などの大切さに気づくところが多いようです。

# 第10章

# お金のやりとり

# 外国為替のしくみ

## 「為替」ってなに？

貿易の中でとても重要な役目を果たしている外国為替とはどんなものなのでしょうか。

まず「**為替**」とは、「現金を用いないで決済する取引方法」といえます。ここでは、ATMで行う振込の例で説明してみましょう。

東京のAさんが、T銀行のATMから、福岡のBさんの持つS銀行の口座に現金3万円を振り込んだとします。振り込まれると、東京のT銀行は、福岡のS銀行にBさん宛ての振込があったことを知らせます。「知らせる」と表現しましたが、これは、資金移動の指図です。

ここで注意したいのは、T銀行からS銀行に現金が直接移動しているのではないということです。銀行間の「資金移動の指図」によって資金が移動しているように見えるだけです。このようなしくみを「為替」というのです。

今、T銀行には3万円の現金が入りました。S銀行は、現金は入っていませんが、3万円をBさんの口座に入金しました。つまり、資金の偏りが生じました。この偏りを戻すために中央銀行である日本銀行が重要な役割を果たします。

この日本銀行には、すべての銀行の当座預金があります。1日の業務が終了すると、日本銀行は、それぞれの銀行ごとの偏りを、この当座預金の口座の資金を移動することで清算します。

このように、為替は現金を用いずに決済する手段として用いられているのです。

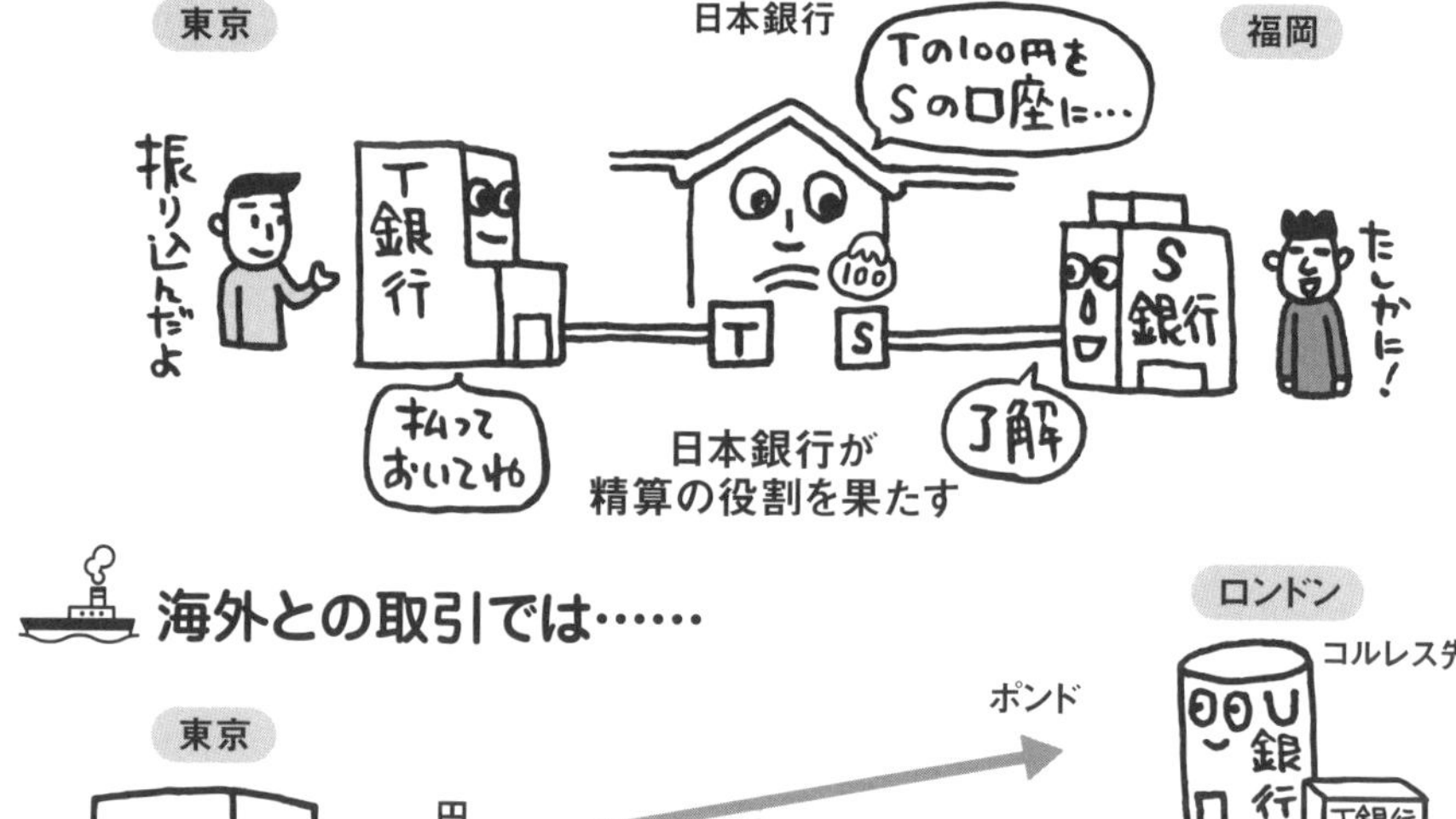


## 外国為替ってなに？

では外国為替はどうでしょうか。外国間の為替のやり取りは、多くの場合、異なる通貨を対象にすることになるので、国内と同じ銀行間の資金の偏りに加えて、送金依頼時と受取時の間に異なる通貨の交換という作業が発生します。この時、異なる通貨の交換比率が必要になります。これが、**外国為替レート**です。この外国為替レートは、毎日変動しています。

また、日本国内の場合と違って、世界の通貨を束ねる中央銀行は存在しません。したがって、それぞれの銀行は、外国のそれぞれの銀行と貸借の清算方法の契約を結ばなければなりません。この契約を**コルレス契約**といっています。

# 外国為替相場とは

## 1ドルを日本円いくらで買うか

　外国為替相場というのは、先ほど説明した、異なる通貨間をいくらで交換するかをきめたレートのことです。たとえば、1米ドル購入するのに日本円がいくら必要か、これをあらわすものです。

　この例でいうと、1米ドル通貨という商品を購入するのに日本円でいくら必要かという具体的な数字が相場表に表示されます。テレビのニュースなどで報道される相場を見たことがあるでしょう。これは銀行間の為替取引の相場をあらわす、**銀行間相場（インターバンクレート）**というもので、刻一刻と変化していきます。

　しかし、これに対応して一般企業や個人の取引相場も刻一刻と変化させたら混乱が起こります。そこで、午前10時の銀行間相場（相場のうち直物相場）を基準値（**対顧客仲値：TTM**）として相場を決定するのです。これを**対顧客相場**といいます。

## 売相場と買相場

　たとえば、基準値が1ドル108円だったとします。これを基準として、ドルを買う場合の相場（**買相場：TTB**）、ドルを売る場合の相場（**売相場：TTS**）が決定されます。買相場は、仲値より安く、売相場は、仲値より高くなります。つまり、買相場は、107円（仲値マイナス1円）、売相場は、109円（仲値プラス1円）というふうに決定されるのです。この1円は、銀行の手数料です。これを見ておわかりだと思いますが、両替業務は、円高、円

## 外国為替相場とは

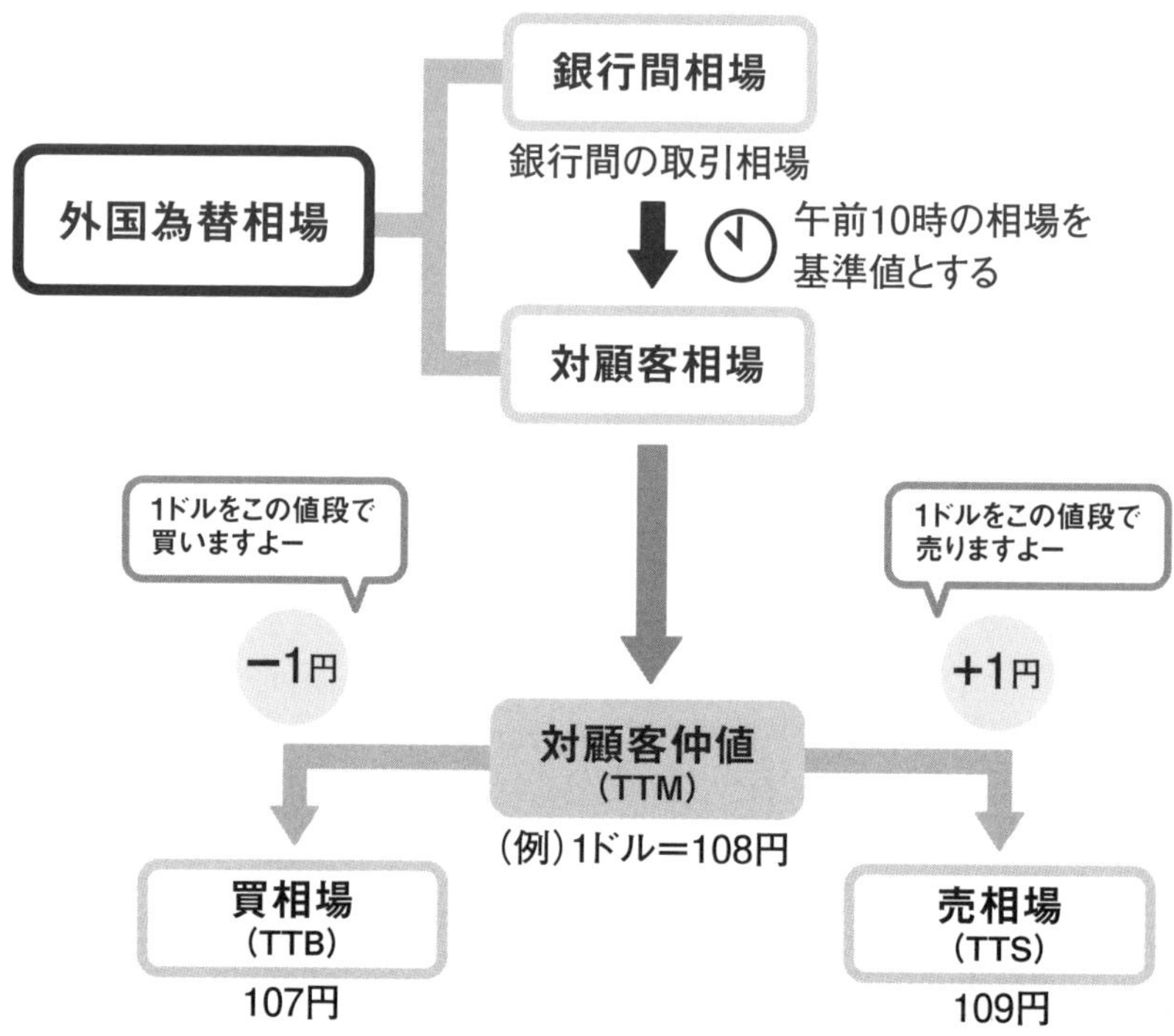


安にかかわらず、確実に銀行にマージンが入ってくるしくみになっています。

さらに、一覧払い輸入手形決済の場合の相場や一覧払い輸出手形を銀行が買取る場合の相場がこれらを基準として決定されます。

# 決済の方法

## 国内と同様の決済

海外との売買契約を行った場合の決済は、どのように行われているのでしょうか。

実は意外にも国内の場合と同様です。たとえば、ある物を輸入したとしましょう。

まずは、個人輸入のレベルでは、カードが利用できる環境であればVISA、MASTER、AMEXなどのカードを利用したカード決済による決済も可能です。また、銀行には、**送金小切手（D／D）**があります。これは、銀行の外国為替の窓口で作ってもらえます。

送金小切手は、フェデックスなどを利用し相手先に送る必要があります。

また、一般的な方法に送金という方法があります。これは、取引先の指定口座に振り込む方法です。送金を急ぐ場合には、電信扱い（Telegraphic Transfer：T／T）で行います。

## リスク対策がポイント

これらの方法を使い決済を行う場合、その時期によっていろいろなリスクが発生します。たとえば、前払いの場合、輸出者にとっては、有利に働きますが、輸入者にとってみれば、本当に条件通りの商品を引き取ることができるかというリスクが残ります。逆に後払いだと、輸入者にとっては、有利に働きますが、輸出者にとってみれば、本当に代金が回収されるのかというリスクが残ります。

商品を見てそれと引き換えに支払

## 銀行窓口で電信扱いで振込み

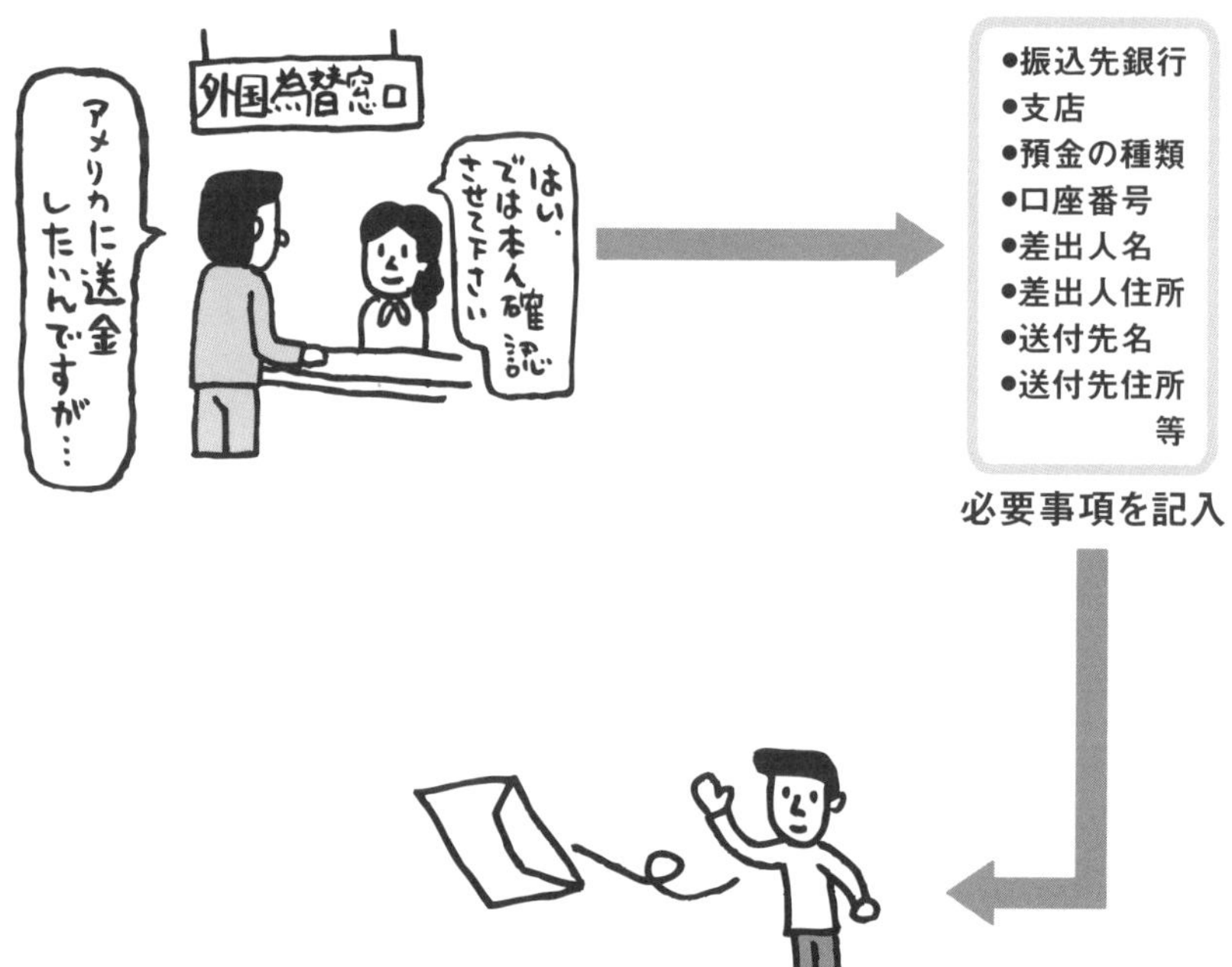


うという方法をとることが一番望ましいのですが、売主、買主は、それぞれ地理的に離れているわけですから、これは不可能です。

グループ会社間など信頼関係が確立しているところは、さして問題にはならないでしょう。しかし、単に長いお付き合いだという理由だけでは、感情的には信用リスクが軽減されたように感じますが、それは勘違いということも実務上よくあります。

このような場合、為替手形を利用した決済方法が用いられることがあります。特に、信用状を用いた方法は、信用リスクを軽減してくれます。

Column

## 貿易に関する資格・検定にはどんなものがある？

貿易に関連する資格としてまずあげられるのが、貿易実務検定®試験（A級、B級、C級）でしょう。

この試験は、民間で開催されている、貿易実務に関する知識を測る検定試験で、C級は日常の定型業務レベル、B級は中級実務レベル、A級は判断業務などの上級実務レベルの実力を証明するものです。実務者も多く受験しており、現在、年間5回開催されています。

貿易に関するそのほかの資格・検定試験には、通関士、鑑定人、検量人、国際航空貨物取扱士、EPA（経済連携協定）ビジネス実務試験、日商ビジネス英語検定試験などがありますが、貿易実務検定®試験は、これらの他資格の受験にもつながるベーシックな試験として、多くの人が受験しています。

第 11 章

# 貿易に関する規制のしくみ

# 水際規制とは

## 2種類の規制

貿易に対する規制は**関税に関する法律に基づく規制**と、**関税に関する法律以外に基づく規制**があります。関税に関する法律以外の法律を「他法令」と呼んでいます。

つまり、貿易を規制する法律は、2つのカテゴリーに分かれているというわけです。

関税に関する法律によって規制されているものは、直接税関が取り締まることができます。一方、他法令によって規制されているものは、その法律の管轄官庁が取り締まります。

たとえば、食品を輸入する場合には、食品衛生法上の規制が、薬を輸入する場合には、医薬品医療機器等法（旧薬事法）などの規制があり、それぞれの法律に規定する手続きに従って、届出や許可、承認などを受ける必要があります。そして、税関に輸入申告を提出する時にこれらの許可などを受けていることを証明する必要があります。

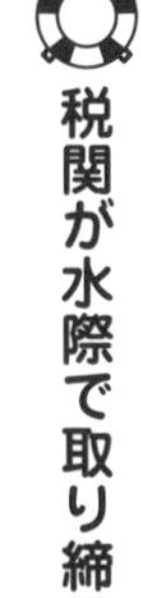

## 税関が水際で取り締る

ところで、関税法では、「輸入してはならない貨物」を規定しています。これに関しては、税関が水際で取り締まることができる貨物が規定されています。

たとえば、輸入しようとするTシャツに描かれたデザインが、著作権法に違反する場合、税関は、著作権侵害物品だと認定を行ったうえで、輸入を差止めます。これは、関税法で著作権侵害物品は、輸入してはならないと定めているからです。

## 水際規制

偽ブランドや偽キャラクター商品は、商標権侵害物品、著作権侵害物品ということで、水際規制される

知的財産権を管轄する人たち

# 関税法と規制

## 輸入してはならない貨物

関税法には、「輸入してはならない貨物」と「輸出してはならない貨物」が規定されています。

「輸入してはならない貨物」とは、どのようなものでしょうか。

①麻薬・大麻など
②けん銃、機関銃など
③爆発物
④火薬類
⑤化学兵器の製造に使われるおそれのある物質
⑥偽造紙幣、ニセのクレジットカード、生カードなど
⑦公安または風俗を害すべき書籍など
⑧児童ポルノ
⑨知的財産侵害物品
⑩不正競争防止法違反物品

このほか、生物兵器に使用される恐れのある病原体がこれらに加わります。

上記のうち、①麻薬・大麻など、②けん銃、機関銃など、③爆発物、④火薬類、⑤化学兵器の製造に使われる恐れのある物質については、他法令によって特別に輸入することができる者が輸入する場合には、関税法の規定は適用されません。ですから、相対的輸入禁制品といいます。他のものは、絶対的な輸入禁制品です。

上記①から⑥に該当する貨物は、税関に没収・廃棄されます。また、⑨、⑩については、権利侵害物品なのかどうかを税関長が認定します。この結果、権利侵害物品と認定されると没収・廃棄されます。

次に⑦、⑧については、輸入者に「公安又は風俗を害すべき物品」あるいは、「児童ポルノ」に該当する

## 輸入してはならない貨物

## 輸出してはならない貨物

- 麻薬、大麻など
- 児童ポルノ
- 知的財産権侵害物品

旨の通知がされることになっています。

### 輸出してはならない貨物

次に「輸出してはならない貨物」です。関税法では、次のように規定されています。

①麻薬、大麻など
②児童ポルノ
③知的財産権侵害物品

「輸出してはならない貨物」についても、①については没収・廃棄されます。また、②については、その旨が通知されます。③については、税関長の認定手続きを経て認定されれば没収・廃棄されます。

# 国際的な平和を脅かす物品

## ワッセナー・アレンジメント

国際的な平和や安全の維持を妨げる貨物は、国際的な約束の下に各国がきちんと輸出管理する必要があります。これは、世界中の国がひとつになり管理することによってテロ組織などへ大量破壊兵器などが渡ることを防ごうというものです。

この性格の規制は東西冷戦時代からありましたが、今では地域紛争の防止という枠組みで輸出管理体制を考えています。

そのひとつが**ワッセナー・アレンジメント（TWA）**です。1996年に設立されました。

この体制の目的は、「通常兵器、関連汎用品、技術の移転について各国が管理を行い、よって、地域の安定を損なう通常兵器に過剰な蓄積を防止」することです。

このワッセナーアレンジメントの合意を受けて、日本では1996年、外国為替令及び輸出貿易管理令を改正し規制品目を改めました。しかし、重要なのは、輸出先として規制される地域が地球上の全地域になったことと「補完的輸出規制」が新たに規定されたことです。これは、規制されている貨物の一部については、規制されるまでのレベルに達していないものであっても、大量破壊兵器に使用されるおそれがある場合には、規制の対象にするというもので、輸出には経済産業大臣の輸出許可が必要であるとしています。

## キャッチオール規制

さらに2002年4月からは、「補完的輸出規制」から輸出貿易管

## キャッチオール規制

理令が改正され**キャッチオール規制**が導入されました。これは、紙、食料品、木材などを除くほとんどすべての鉱工業産品で、輸出者が大量破壊兵器に使用されることを知っている場合や、経済産業大臣から許可を受けるように要請された場合には、規制の対象になるというものです。

しかし、このキャッチオールには例外があります。輸出管理が整備されている26カ国（アメリカ・カナダ・フランスなどのいわゆるホワイト26カ国）に対しての輸出については、キャッチオール規制は適用されません。

# 商標権侵害物品を輸出元に返送できる？

## 積み戻しとは

商標権侵害物品は、すでにお話したように「輸入してはならない貨物」です。税関長の認定手続きを経て商標権侵害物品と認定されれば、輸入許可は受けられず、没収・廃棄されます。しかし、もう一つの道があります。関税法では、**積み戻し**もその選択肢とされています。

積み戻しとは、外国貨物を外国に向けて送り出すことです。

商標権侵害物品は、外国から到着後、輸入許可を受けることができません。これを、輸出元に送り返すことは、「外国貨物」を「外国」に向けて送り出すことになります。したがって、積み戻しに該当するわけです。

このように、関税法では、商標権侵害物品を積み戻すことも出来るとされています。

## 積み戻しの際の規制

しかし、積み戻す際、1つ重要なことがあります。商標権侵害物品などを外国に向けて送り出す場合には、外為法、輸出貿易管理令の規制があり、このような物品を輸出する場合には、経済産業大臣の輸出承認を必要とします。

また、原産地について偽った表示、誤認を生じる表示がある貨物もその部分を訂正するか、消すかしないと輸入は許可されません。そのまま積み戻すことも出来ますが、この場合にも、輸出貿易管理令によって経済産業大臣の承認を受けなければなりません。

そのほかにも承認を受けるべき貨

## 積み戻しの規制

物があります。これらは、『輸出貿易管理令別表2』に載っています。

また、皮革、原毛皮などの原料を使い、海外で皮革製品の製造加工を行って日本に輸入するという逆委託加工貿易の場合で、総価格が100万円を超える場合には、経済産業大臣の輸出承認が必要です。

# 水産物の輸入割当

## 輸入制限品目を輸入するには

韓国と日本で海苔の輸入について摩擦が生じました。もともと日本の外為法・輸入貿易管理令では、海苔は輸入制限品目で、一定の数量制限がされています。これは、日本の産業を保護するための措置です。

輸入制限品目の場合、経済産業大臣の**輸入割当**（**Import Quota：IQ**）と輸入承認を受けなければなりません。この手続きを経なければ、税関長の輸入許可を受けることは出来ません。

韓国政府は、2004年、日本の海苔の輸入数量制限はWTO違反であるとWTOに提訴し海苔の市場の自由化を要求しました。

この背景には、これまで韓国産の海苔のみを輸入割当の対象としていたものを、2005年より中国からの海苔も輸入割当の対象とするとしたことにより、中国に市場を奪われるという危機感があったといわれています。現在、割当を受けて輸入できる海苔は、韓国産と中国産です。

なお、海苔を個人用に輸入する場合には、1世帯あたり月1000枚までは、特例として輸入割当を受けずに輸入できます。ただし、業務用と判断された時は、この特例は、適用されません。

## その他の輸入割当品目

水産物関連の割当品目は、海苔のほか、いわし、あじ、こんぶ、たら、ほたて、いか、などがあります。

なお、輸入割当が必要な品目は、法令改正により変更になることも多いので注意が必要です。

## 水産物の輸入割当

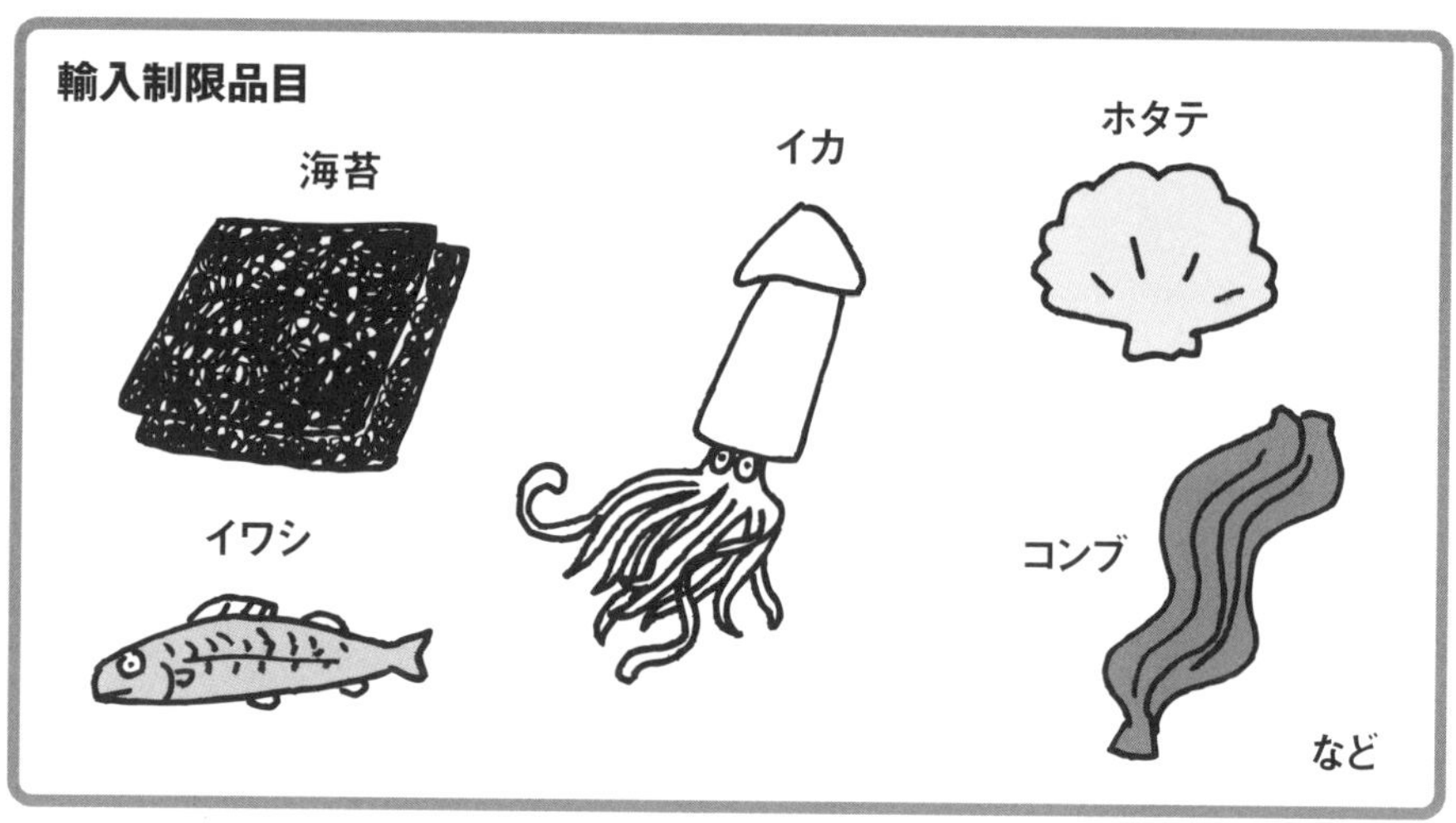

経済産業大臣の輸入割当（IQ）を受ける

**第二段階**

経済産業大臣の輸入承認を受ける

**第三段階**

税関長の輸入許可を受ける

海苔を個人的に輸入する場合には、一世帯当たり月1000枚までは輸入割当を受けずに輸入できる。

# 検疫制度

## 検疫とは

検疫とは、動物や植物が持ちこまれた場合、ある施設にいったん係留し、伝染病や害虫などによる汚染の危険性がないかをチェックする行為です。

輸入時の検疫には、植物防疫法に基づく検疫、家畜伝染病予防法に基づく検疫、狂犬病予防法に基づく検疫などがあります。

## 犬、猫の輸入検疫

ここでは、まず、犬・猫の輸入検疫についてお話しましょう。

犬・猫を輸入しようとする場合は、到着する40日前までに到着予定空港を管轄する動物検疫所にその旨を届ける必要があります。

これは、係留施設をまず確保しなければならないからです。犬・猫は、12時間以内または最長180日間の係留検査が必要です。このため、到着予定時期の係留施設の空き具合を確認する必要があるのです。

ところで、係留期間は、12時間以内で済む場合と最長180日間かかる場合の2パターンあります。

前者の場合は、狂犬病の発生がない「指定地域」から輸入された場合で、マイクロチップによる個体識別がされており、かつ輸出国政府機関の発行の証明書に識別番号が記載されている場合などです。そのほかの場合は、原則として最長180日間の係留検査が必要になります。

指定地域は、アイルランド、オーストラリア、ニュージーランド、フィジー諸島、グアム、ハワイなどです。

## 動物の輸入検疫

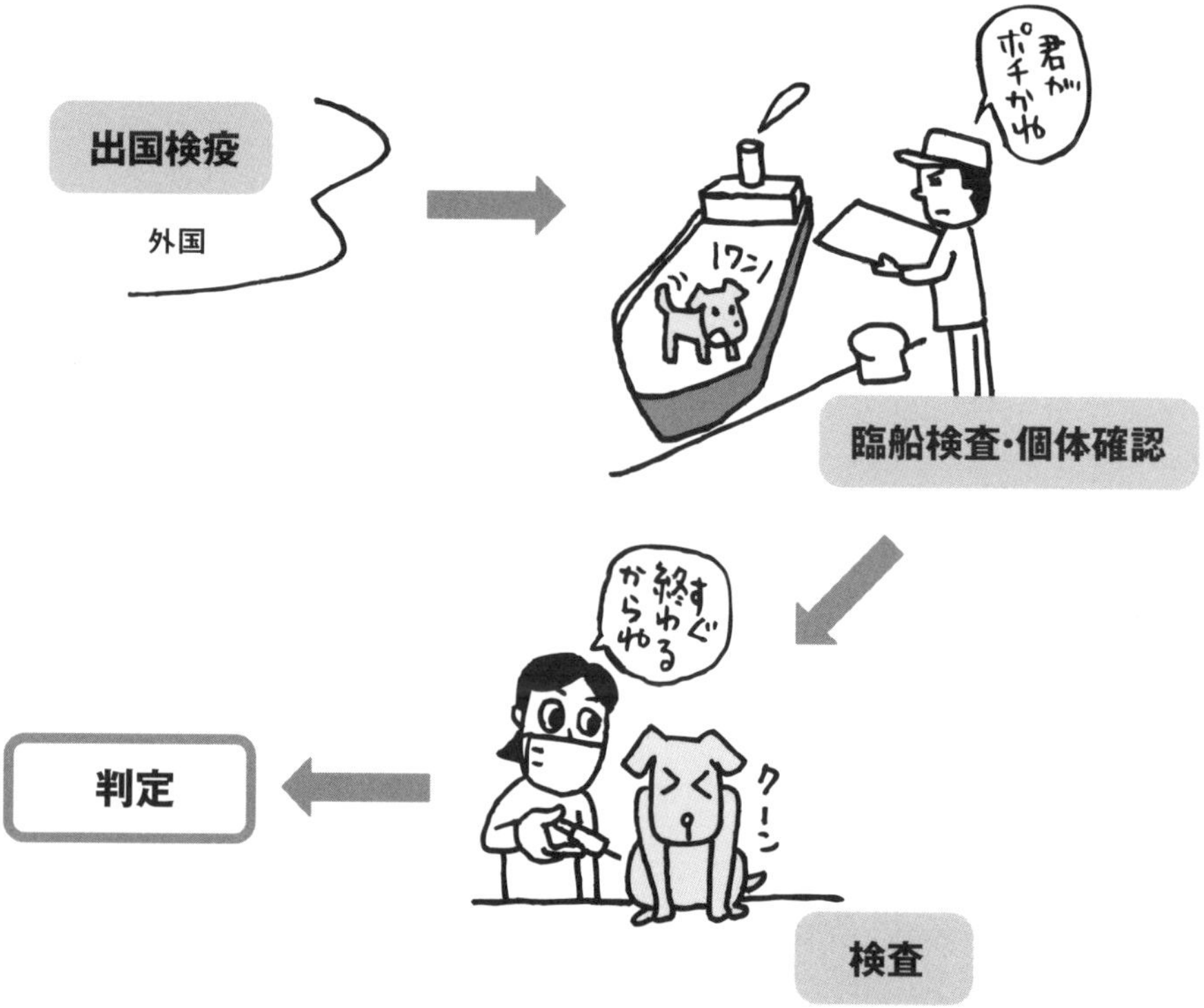

出国検疫

外国

ワン!

君がポチかや

臨船検査・個体確認

すぐ終わるからや

クーン

検査

判定

## 植物検疫

植物検疫の目的は、植物に有害な病害物を駆除し、また蔓延を防止することにあります。そして、農業生産の安全や助長を図ろうというものです。

生鮮野菜や果実を販売する目的で輸入する場合については、この植物検疫法の規制のほかに食品衛生法の規制もあります。

たとえば、輸入された野菜、果実、コーヒーなどが臭化メチル、青酸ガスなどによりくん蒸されるのは、これらに付いている有害な病害虫を駆除するためです。

Column

## 日本初の商社を作ったのは坂本竜馬だった?!

明治維新の立役者の一人である坂本竜馬。政治面での活躍がクローズアップされることが多い彼ですが、実はいち早く世界経済に目を向けた人でもありました。

彼が1865年に長崎に結成した亀山社中は、日本初の商社とも呼ばれています。彼はここで、英国商人グラバーから船舶や大量の武器を買い付け、薩摩藩、長州藩に売りました。誰の発案でこのビジネスを始めたのかは定かではありませんが、竜馬がその抜群の情報力を活かして、売りたい人（グラバー）と買いたい人（薩摩藩、長州藩）の間に立って商談をまとめたのは確かなようです。

もともと神戸海軍操練所にも所属していた竜馬ですから、海事には詳しかったようですが、経済の面にも進んだ理解を持っていたことがわかります。

# 第 12 章

# 個人輸入は楽しい！

# 個人輸入で制限されているもの

## 基本は同じだが例外がある

個人輸入でも通常の商業用輸入でも輸入制限は、ほぼ同じです。

しかし、個人が使用する目的で輸入した場合には、一部例外事項もあります。

## 医薬品

通常、医薬品の輸入は、医薬品医療機器等法（旧薬事法）の適用を受けます。したがって、輸入にあたっては、厚生労働大臣の「輸入販売業の許可」が必要です。

ただし、ダイエット剤やサプリメントなどは、個人的使用目的の場合には、原則として2カ月分以内であれば「輸入販売業の許可」がなくても輸入することができます。

## 化粧品・医薬部外品、医療用具

化粧品（石鹸も含む）、医薬部外品（養毛剤、浴用材など）も医薬品と同じ扱いです。化粧品の個人的使用のための輸入については、標準サイズのものであれば1品目24個以内であれば「輸入販売業の許可」は不要です。

電気マッサージ器などの医療器具は、個人的に使用ができるものであれば、1セットについては許可なく輸入できます。また、使い捨てコンタクトレンズについては、2カ月分以内であれば大丈夫です。

これらは、個人的に使用する場合の例外ですが、いくら個人的に使用するからといっても例外が認められないものもあります。

##  個人輸入で制限されているもの

**化粧品、医薬部外品、医療用具**

医薬品と同じ扱い

### 漢方薬

漢方薬を輸入する（お土産品でも同様です）ときに問題となるのが、**ワシントン条約**との関連です。

ワシントン条約とは、絶滅のおそれのある野生動植物を保護しようという全世界的な条約です。これで保護されている動植物の輸出入は、厳格な管理の下で行われています。

たとえば、ジャコウジカや熊胆などの成分が含まれる漢方薬は、輸出国の政府が発行する輸出許可書や経済産業大臣が発行した輸出承認証などの提出が必要です。これがないと輸入は、差し止められます。

もちろん、漢方薬だけではなくワニ、トカゲなどの爬虫類のハンドバッグやベルトといった革製品も規制されています。

# 個人輸入の通関手続と関税

## 個人輸入でも税金はかかる

個人輸入する場合に、どのくらいの税金が課税されるのかが気になるところです。

たとえばワインを個人輸入した場合も、関税、酒税、消費税、地方消費税をしっかりと納めなければなりません。

ただし、海外旅行で土産品として持って帰る場合には、750mlのビンなら3本まで免税されます。

そのほかの貨物も酒税はかかりませんが、基本的に関税、消費税、地方消費税が課税されます。

関税は、貨物の種類、構成などによって税率が異なります。税率表は、財務省・税関のホームページに載っていますが、輸入貨物の分類は、素人には、わかりにくいものです。もっとも、比較的価格の低いもの（課税価格の合計額が10万円以下のもの）を輸入する場合は、「少額貨物に対する簡易税率表」が適用されます。なお、この税率は、関税だけのものですから、このほか、消費税、地方消費税が課税されます。

## 課税されないもの

もっとも、課税されない場合もあります。どんな場合でしょうか。

①関税だけが課税されない場合

化粧品、本、CD、ウイスキー、航空機などは、関税が無税です。しかし、消費税や地方消費税は、課税されます。

②関税のみならず消費税なども課税されない場合

関税制度には、免税制度があります。なかでも、無条件免税というも

## 個人輸入でかかる税金

### 関税が課税されないもの

### 関税も消費税も課税されないもの

- 海外旅行から持ち帰った自分の洋服など
- 原則として課税価格が1万円以下のもの

のがあります。たとえば、海外旅行へ行くときに持っていったもので、帰国する際に持ち帰る洋服、時計、靴などは、すべて無条件免税が適用されて税金はかかりません。

また、課税価格1万円以下のものも原則として無条件免税が適用されて税金はかかりません。これは、関税のみならず消費税、地方消費税も同様です。

ただし、革製品、履物など日本の産業に影響のあるものは、除かれていますので注意が必要です。

税金については、税関の税関相談官に問い合わせるとよいでしょう。

# 貨物の受け取り方法

## 郵便を利用する

個人輸入でよく使われるのが、郵便を使う方法や国際宅配便（クーリエ・サービス）を使う方法です。

国際郵便路線により外国から届けられた貨物は、国際郵便局で税関職員による貨物検査と税額の賦課決定が行われます。

税金の徴収が必要ないものについては、そのまま直接受取人の元に配達されます。税金が徴収される場合は以下のような手続きが必要です。

①税金の合計額が1万円以下の場合

「国際郵便物課税通知書」と郵便貨物が受取人（輸入者）に直接配達されます。そして、配達時に郵便配達人に税金を支払い、貨物を受け取ります。

②税金の合計額が1万円超30万円以下の場合

郵便局から貨物が届いた旨と課税される税金の知らせが来ます。この時、配達を希望するか、郵便局に取りにいくかを伝えます。配達を希望する場合には、納付すべき税額を事前に用意して配達のときに納めなければ貨物を受け取ることはできません。もちろん、郵便局で受け取る場合も受け取る前に税金を納めなければなりません。

③税金の合計額が30万円を超える場合

この場合、配達はされません。「国際郵便物課税通知書」を添えて郵便局に税金を納めた後に貨物を受け取ることができます。

## 国際宅配便を利用する

いわゆる**クーリエ・サービス**を利

## 貨物の受け取り方法

### 国際宅急便（クーリエ・サービス）

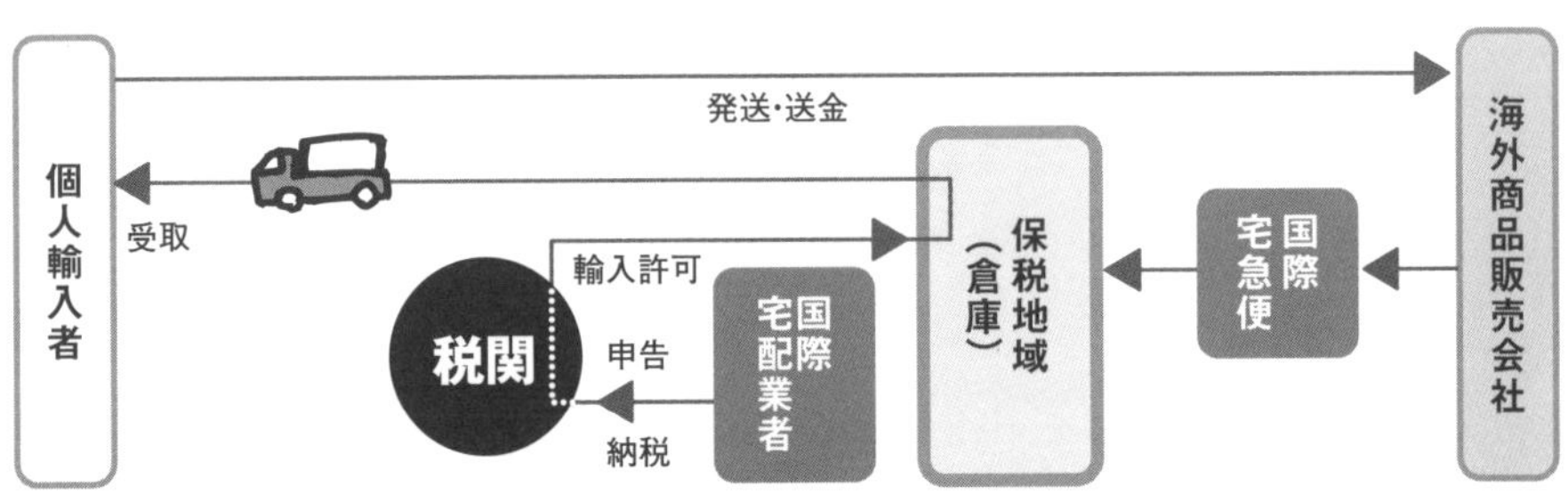


### 一般貨物

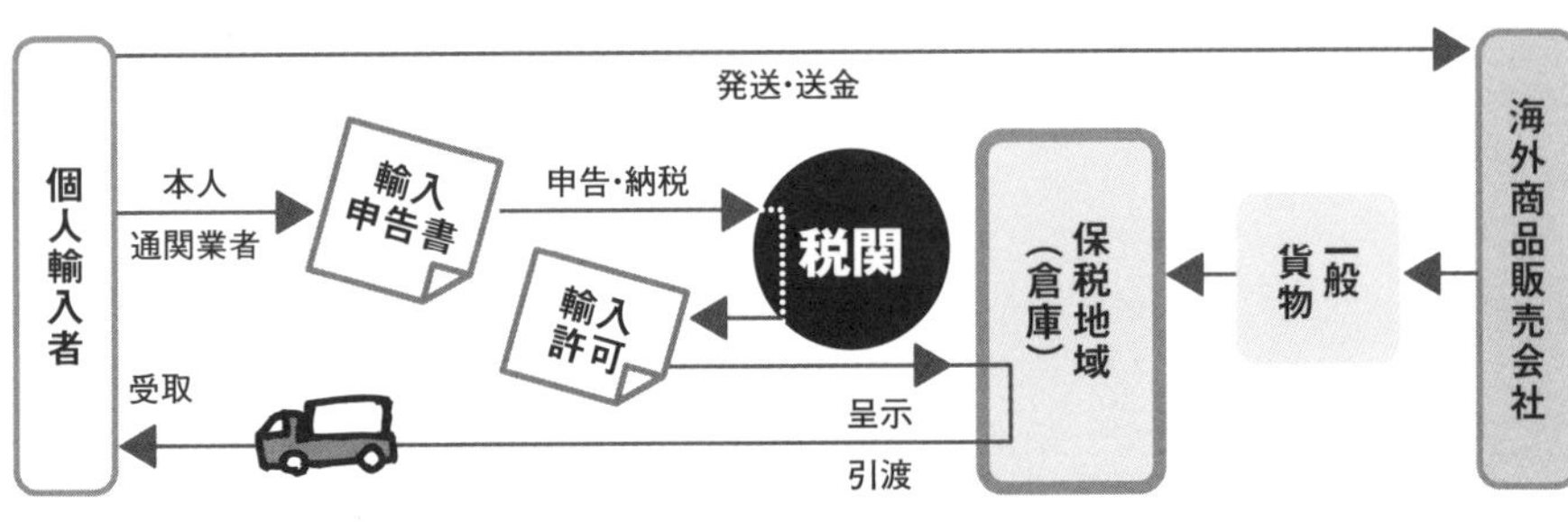


用した方法です。通関手続きは、すべて宅配業者が代行してくれます。ただし、代行手数料がかかりますから、料金をチェックしておく必要があります。この場合、輸入の際にかかる関税もこの業者が立替払いをしてくれます。この立替えた分や代行手数料は、銀行振込み、代引き扱いなどにより支払います。

### 一般貨物として輸入する

一般貨物として輸入したものを通関手続きを経て引き取る方法は、個人輸入といえども一般の方法と同様です。通関手続の勉強にはなりますが、郵便か国際宅配便を利用した方が効率的です。

# 予期しない貨物が届いたとき

## 返品の方法

　個人輸入でセーターを購入したが、カタログの色と実際の色が大きく異なっていたとか、とんでもないサイズのものが届いたなど、品質などが予期しないものであった場合、クレームをつけて返品することがあります。この場合、輸入時に納付した関税、消費税などの税金を払い戻してもらえるという制度があります。

　この制度を利用するためには、一定の要件に合致していなければなりません。ひとつは、返品する貨物に加工など手を加えていないということです。手を加えてしまった場合には、この制度が使えるか、税関に確かめる必要があります。また、輸入許可の日から6カ月以内に保税地域に搬入しなければならないという要件もあります。ただし、郵便物を利用して返品する場合は、異なります。郵便物については、通常、保税地域にいれるというシステムはありません。そこで、郵便物の取り扱いは、税関に郵便物が交付された日から6カ月以内に返品する貨物を税関に呈示することになっています。この呈示が保税地域への搬入とみなされます。

## 添付書類は？

　さて、郵便物を税関に呈示する場合には、次の書類も一緒に添付しなければなりません。

①「違約品等の輸出に係る関税払戻し申請書」2通
②個人的な使用に供する物品で通信販売されたものであることを立証

# 予期しない荷物が届いたとき／郵便物の場合

**税関に呈示する書類**

- 違約品等の輸出に係る関税払戻し申請書　2通
- 個人的な使用に供する物品で通信販売されたものであることを立証する資料
- 国際郵便物課税通知書又は輸入許可書

（●輸入インボイス）

する資料（たとえば、カタログや納品書など）各1通

③国際郵便物課税通知書又は輸入許可書　1通

④輸入インボイス（上記「輸入許可書」などで、輸入された貨物と輸出しようとする貨物が同一であると判断することができない場合に提出）

　この①から③あるいは、④までの書類と貨物を呈示した後、貨物を返送します。この手続きを行わずに返送したとしても関税などの払戻しはありません。

　返送の相手先は、その貨物の海外の販売会社（輸出者）でなければなりません。確かに輸出元に返送したことを証明するために、郵便局から郵便物受領書を受け取り、払戻しの手続きの際に税関に提出します。

## ま行



## や行

## ら・わ行

## た行



## な行



## は行

## さ行

## か行

# 索引

## 英字



## あ行

## 参考文献

『よくわかる貿易実務入門』（片山立志著、日本能率協会マネジメントセンター）
『よくわかる貿易書類入門』（片山立志著、日本能率協会マネジメントセンター）
『図解貿易実務用語がわかる本』（日本貿易実務検定協会®編、日本能率協会マネジメントセンター）
『通関士と貿易の仕事まるごとガイド2002』（片山立志監修、イカロス出版）
『ビジュアルでわかる国際物流　改訂版』（汪正仁著、成山堂書店）
『空をとぶ飛行機』（高橋慎一監修、成美堂出版）
『日本郵船歴史博物館　常設展示解説書』（日本郵船歴史博物館編集、日本郵船株式会社）
『成田国際空港パンフレット』（成田国際空港株式会社）
『図解貿易実務ハンドブック ベーシック版』（日本貿易実務検定協会®編、日本能率協会マネジメントセンター）
『外国為替の知識』（国際通貨研究所編、日本経済新聞社）
税関ホームページ http://www.customs.go.jp/
日本貿易振興機構

## 著者プロフィール

**片山　立志**（かたやま　たつし）

1952年生まれ。東京都出身。

東京都民銀行などを経て、現在、株式会社マウンハーフジャパン代表取締役社長。日本貿易実務検定協会®理事長。嘉悦大学経営経済学部非常勤講師・早稲田大学エクステンションセンター講師などを務める。

貿易・通関分野での企業研修講師としても活躍。金融法学会会員。

主著に、『貿易実務ハンドブック（共著）』『通関士試験合格ハンドブック』『図解実務入門よくわかる貿易実務入門』『どこでもできる通関士・記述式徹底対策』（日本能率協会マネジメントセンター）、『図解貿易実務入門』『グローバルマーケティング（共著）』（税務経理協会）など多数。

株式会社マウンハーフジャパン
〒163－0825
東京都新宿区西新宿2－4－1　新宿NSビル25階
（URL）https://www.mhjcom.jp

絵でみるシリーズ
改訂２版　絵でみる　貿易のしくみ

2020年６月20日　　初版第１刷発行

著　者——片山立志

発行者——張　士洛
発行所——日本能率協会マネジメントセンター
〒103-6009 東京都中央区日本橋2-7-1 東京日本橋タワー
TEL 03(6362)4339(編集)／03(6362)4558(販売)
FAX 03(3272)8128(編集)／03(3272)8127(販売)
http://www.jmam.co.jp/

装　丁———渡邊民人(TYPEFACE)
イラスト———草田みかん
本文DTP———TYPEFACE
印刷所———広研印刷株式会社
製本所———株式会社三森製本所



ISBN978-4-8207-2827-6　C2034
落丁・乱丁はおとりかえします。
PRINTED IN JAPAN